Fritz Volbach
Händel

SEVERUS

Volbach, Fritz: Händel
Hamburg, SEVERUS Verlag 2013
Nachdruck der Originalausgabe von 1906

ISBN: 978-3-86347-749-3
Druck: SEVERUS Verlag, Hamburg, 2013

Der SEVERUS Verlag ist ein Imprint der Diplomica Verlag GmbH.

Bibliografische Information der Deutschen Nationalbibliothek:
Die Deutsche Nationalbibliothek verzeichnet diese Publikation in der Deutschen Nationalbibliografie; detaillierte bibliografische Daten sind im Internet über http://dnb.d-nb.de abrufbar.

© **SEVERUS Verlag**
http://www.severus-verlag.de, Hamburg 2013
Printed in Germany
Alle Rechte vorbehalten.

Der SEVERUS Verlag übernimmt keine juristische Verantwortung oder irgendeine Haftung für evtl. fehlerhafte Angaben und deren Folgen.

GEORG FRIEDRICH HÄNDEL

VON

FRITZ VOLBACH

George Frideric Handel

Nach dem im Jahrbuche der Musikbibliothek Peters, Jahrgang III, befindlichen Bilde.

Lichtdruck von W. Neumann & Co., Berlin SW. 42.

VORWORT

Das Bild eines großen Mannes ist nur dann richtig zu verstehen, wenn man es stets im Hinblick auf seine Zeit betrachtet. Nur so wirkt es wahr und verständlich. Darum habe ich mich bemüht, diesen Gedanken bei der Darstellung von Händels Leben zum leitenden zu machen. Es kam mir dabei weniger auf eine lückenlose Aufzählung der Werke und eingehende Besprechung jeder einzelnen Komposition an, als vielmehr ein Bild des S c h a f f e n s unseres großen deutschen Meisters zu entwerfen und die G r u n d z ü g e und H a u p t g e d a n k e n desselben zu entwickeln. Wer diese aus den Werken herauszulesen versteht, nur der wird zum tieferen Verständnis und der richtigen Wertschätzung des Meisters gelangen. In diesem Sinne anregend und fördernd zu wirken, ist der Zweck dieses Buches. —

Händel hat in C h r y s a n d e r einen Biographen gefunden, der an Gründlichkeit der Forschung, an Klarheit und Gediegenheit des Urteils, an Anschaulichkeit und Schönheit der Darstellung unerreicht dasteht. Sein grosses Werk „G. F. H ä n d e l" bildet naturgemäß die Hauptquelle zu dieser Arbeit. Ich verdanke aber diesem Manne doch weit mehr. Die eingehende mündliche Belehrung, die mir durch ihn zuteil geworden, als mir die Ehre der Leitung der Händel-Feste in Mainz übertragen wurde, hat mir den Weg gezeigt zum Verständnis des gewaltigen Meisters. So danke ich im Grunde auch das, was hier als neu und vielleicht noch nicht ausgesprochen erscheinen mag, in erster Linie Herrn Dr. Chrysander. Von kleineren Werken habe ich benutzt „G. F. H ä n d e l" von K r e t s c h m a r, einem der gediegensten und verdienstvollsten Forscher und Händel-Kenner, sowie die kurze, mit liebevoller Wärme geschriebene Biographie von B. Schrader. Ein ausführliches Quellenverzeichnis befindet sich am Schlusse dieses Buches.

FRITZ VOLBACH

VORWORT ZUR ZWEITEN AUFLAGE

In seiner ganzen Anlage und seinen Grundzügen ist das Buch dasselbe geblieben. Entstanden in einer Zeit, in der die Begeisterung für Händel in mir durch den vertrauten Verkehr mit Chrysander und seine unerschöpfliche Anregung aufs Höchste entfacht war, berufen, seine Ideen zum erstenmal in die Praxis zu übersetzen, war es nicht anders möglich, als dass auch meinem Buche diese Stimmung sich mitteilte. Das gab ihm einen bestimmten e i n h e i t l i c h e n Grundton, den ich durch tiefgehende Aenderungen nicht zerstören mochte. Trotzdem aber enthält die neue Ausgabe eine Reihe von Verbesserungen und Zusätzen in Wort und Bild. So bilden die beiden Hogarthschen Stiche sicherlich eine willkommene Bereicherung von hohem Interesse, nicht minder dürfte das „Verzeichnis der Werke Händels" willkommen sein. — Möge das Buch von neuem hinauswandern und zu den alten Freunden sich neue erwerben, wirkend für die Erkenntnis der Herrlichkeit der Kunst unseres deutschen Meisters Händel.

M a i n z , den 1. März 1906

Dr. FRITZ VOLBACH

INHALT

Händels Abstammung 1
Die Kinderzeit 4
Lehrjahre 6
Händel in Hamburg 12
Händel in Italien 21
Händel in London 37
Oper und Oratorium 47
Lebenskämpfe 53
Der Lebensabend 75
Anhang I: Verzeichnis der Werke Händels 86
Anhang II: Anmerkungen 90
Anhang III: Aufstellung von Chor und Orchester bei den Händel-Aufführungen in Mainz 1895 94
Anhang IV: Aufstellung von Chor und Orchester bei den Händel-Aufführungen in Mainz 1906 95

I.

HÄNDELS ABSTAMMUNG.

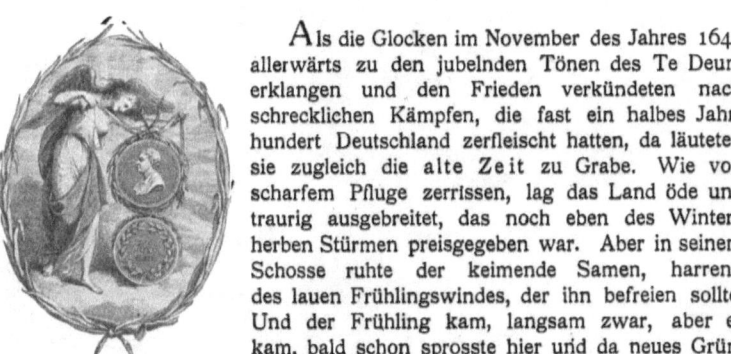

Als die Glocken im November des Jahres 1648 allerwärts zu den jubelnden Tönen des Te Deum erklangen und den Frieden verkündeten nach schrecklichen Kämpfen, die fast ein halbes Jahrhundert Deutschland zerfleischt hatten, da läuteten sie zugleich die alte Zeit zu Grabe. Wie von scharfem Pfluge zerrissen, lag das Land öde und traurig ausgebreitet, das noch eben des Winters herben Stürmen preisgegeben war. Aber in seinem Schosse ruhte der keimende Samen, harrend des lauen Frühlingswindes, der ihn befreien sollte. Und der Frühling kam, langsam zwar, aber er kam, bald schon sprosste hier und da neues Grün. Das war der Frühling, der eine neue Zeit verkündigte und ein neues kräftiges, durch Not gestähltes Geschlecht hervorsprossen liess.

Die Reformation hatte nicht nur auf geistigem und kirchlichem Gebiete eine Umwälzung hervorgebracht, sondern ebensosehr auf sozialem. Hatten bis dahin das ganze öffentliche Leben, die Schule, kirchliche Verwaltung, Wohltätigkeits-Anstalten unter der Leitung der Kirche gestanden, so war das nun mit einem Male anders geworden. An Stelle der kirchlichen Herrschaft und Verwaltung war die weltliche, die städtische getreten. Das Bürgertum gewinnt dadurch grössere Bedeutung, indem es gezwungen ist, für sein und seiner Nächsten Wohlergehen viel mehr als früher selbst zu sorgen. Die Möglichkeit, sich hervorzutun, zu Ehren zu gelangen, ist eine reichere geworden und regt den Ehrgeiz des Einzelnen an zu kräftiger Selbstbetätigung. Die Kriege hatten ferner dem Lande Wunden geschlagen, die nicht sobald vernarben konnten; Armut und Elend herrschten allenthalben. Früher hatte die Kirche hier in ausgibigster Weise gesorgt, jetzt musste der Einzelne, Wohlhabende helfend eintreten; dass man sich dieser Pflicht bewusst war und sie ausübte, dafür sprechen zahlreiche Beispiele.

Dieser Subjektivismus, diese Selbstbetätigung des Einzelnen bedingt aber eine Selbstwertschätzung des Einzelnen. Die Folge hiervon ist ein schärferes Hervortreten der Klassenunterschiede. Die einzelnen Kreise suchen sich gegeneinander vollständig abzuschliessen und sogar durch Tracht, Sprache und Lebensart von einander scharf abzugrenzen. Hierin einerseits, in dem Bestreben andererseits, die auch in der Sprache zum Ausdruck kommende Verrohung durch Umschreibung und galantere Redeweise zu verdecken, liegt der Grund für jene weitschweifige und gekünstelte, gegen den Vornehmeren meist knechtisch unterwürfige Redeweise, welche diese Zeit kennzeichnet und sie unvorteilhaft unterscheidet von jener zwar derberen, aber auch aufrichtigeren Art des 15. und 16. Jahrhunderts.

In religiöser Hinsicht hatte die Reformation diesem individualistischen Streben nicht minder Vorschub geleistet. Blieb auch die Bibel immerhin die einzige Norm des Glaubens, so wirkte doch die Erlaubnis, die Schrift nach eigenen Kräften auszulegen, entschieden in diesem Sinne förderlich. Nehmen wir dazu noch die Fortschritte auf dem Gebiete der Wissenschaften durch die jüngeren Humanisten, den Umschwung in der Malerei zu einer idealeren Darstellungsart seit Dürer, so muss man unbedingt anerkennen, dass das hereinbrechende neue Zeitalter trotz allem keinen Rückschritt in der allgemeinen Zivilisation bezeichnet.¹) —

Händels Vater.

Rechtlicher Sinn, hohes Pflichtgefühl, gerechter Stolz auf das Errungene und strenge Wahrung der Standesrechte, ein tief religiöser Sinn, das waren die Haupttugenden, welche immer mehr das Bürgertum jener Zeit kennzeichnen. Nicht grosse Kreise nach aussen hin hat diese Zeit geschlagen, die individualistische Richtung drängte nach innen, zu einer Vertiefung, zu einer Erziehung und Kräftigung der Grundfesten deutschen Lebens, des Einzelnen und der Familie. Der Gesichtskreis dieser Zeit war naturgemäss ein kleiner. Aber wie triebkräftig selbst innerhalb dieses kleinen Gesichtsfeldes die Zeit war, ersehen wir daraus, dass sie selbst auf diesem beschränkten Standpunkte einen Mann erstehen liess, der als Künstler gewiss als der Herrlichsten einer dasteht: J. S. Bach.

Anders allerdings ergeht es, wie wir sehen werden, Händel. Ihn beengt was für Bach eine Welt bedeutet; ihm wird zur Fessel, was jenen emporhebt zu lichten Himmelshöhen. Darum sprengt er sie und eilt hinaus in die weite Welt. Und jedes Land, das er betritt, erkennt in ihm einen König und zahlt ihm Tribut, indem es ihm die Schönheit der eigenen Kunst offenbart. Aber alles, was er so gewinnt und sich zu eigen macht, es dient nur als Schmuck für das Höchste und Schönste in ihm, seinen sich in der Kunst aussprechenden deutschen Geist. Der aber ist ein Erbteil seines Vaterhauses.

Händels Geburtshaus in Halle.

Von Breslau her war die Familie Händel nach Halle übergesiedelt. Bereits im Jahre 1609 hatte der Kupferschmiedemeister Valentin Händel in Halle das Bürgerrecht erworben und besass dort in den „Kleinschmieden" (jetzt No. 3) ein eigenes Haus. Sein jüngster, 1622 geborener Sohn war Georg, der Vater unseres Tondichters. Vom Barbier beginnend, brachte er es bald zum tüchtigen Chirurgus, lebte lange als „Feldscheer". in kursächsischen, später in schwedischen und schliesslich in kaiserlichen Diensten. 1642 kam er nach Halle zurück und wurde 1645 zum „Amtschirurgus" des ganzen Amtes Giebichenstein ernannt. Georg Händel muss ein geschickter Chirurg gewesen sein. Zwei seiner Kuren hat die Geschichte aufbewahrt. 1660 gelang es ihm, dem Administrator Herzog August einen Armbruch zu heilen, und in dem Jahre 1692 machte er viel von sich reden durch die glückliche Behandlung eines Mannes, welcher ein Messer verschluckt hatte. Besonders die erstgenannte Heilung des Administrators wurde für Händels Leben bedeutungsvoll. Der Herzog ernannte ihn neben seinen Leibärzten Dr. Möbius und Dr. Hoffmann zu seinem Geheimen Kammerdiener und Leibchirurgus (1660). Im Jahre 1665 kaufte er das Haus zum Gelben Hirschen in Halle, ein Eckhaus zwischen der Kl. Ulrichsstrasse, der Kl. Klausstrasse und dem Gr. Schlamm, das Haus, in welchem nachher der grosse Tondichter geboren wurde.[2] G. Händel war zweimal verheiratet. Seine zweite Frau war die Tochter des Pfarrers Georg Taust aus Giebichenstein, mit Namen Dorothea. Sie gebar ihm am 23. Februar 1685 einen Sohn, der Tags darauf in der Taufe den Namen Georg Friedrich erhielt und der berufen war, bald alle Welt mit seinem Ruhme zu erfüllen. War der Vater Händels ein ernster, strenger Mann von unbeugsamer Willenskraft, ein Mann, der, nachdem er weit in der Welt herumgekommen, durch eigene Kraft sich eine ehrenvolle Lebensstellung errungen, ein Mann von strengstem Pflichtgefühl, dabei im gemeinen Leben gegen jedermann freundlich, dienstfertig und bescheiden, auch gegen die Armen und Notleidenden milde und guttätig,[3] so war seine Mutter nicht minder durch Vorzüge des Herzens und der Seele ausgezeichnet. Vor allem besass sie eine seltene Liebe zu ihren Eltern. Als ihr Vater von

1*

schwerer ansteckender Krankheit, die damals furchtbar wütete, befallen war und der Tod bereits ihre Schwester und ihren ältesten Bruder dahingerafft, da wich sie nicht von des Vaters Seite; furchtlos und unerschrocken pflegte sie sein mit ihrer ganzen Sorgfalt und Liebe. Es war dies die Zeit kurz vor ihrer Verbindung mit Georg Händel. Aber nicht eher willigte sie in diese ein, bis sie ihren alten Vater wieder völlig hergestellt und gut versorgt wusste. Nicht minder wird ihre tiefe Frömmigkeit und Sittsamkeit gerühmt. Dabei war Dorothea eine tüchtige Hausfrau von klarem, praktischem Geiste. Diese Tugenden und Eigenschaften der Eltern sind sämtlich auf den grossen Sohn übergegangen und haben ihn sein ganzes Leben hindurch als feste Stütze durch alle Fährnisse geleitet.[4])

DIE KINDERZEIT.

Händel gehört zu den Meistern, bei welchen schon im zartesten Kindesalter der Genius seine Flügel regt. Je älter er wurde, desto mehr nahm seine Leidenschaft zur Musik zu, und zwar in einem Masse, dass sie seines Vaters ernste Besorgnis erregte. Dieser träumte davon, seinen Sohn einmal als wohlbestallten Doktor der Rechte in angesehener bürgerlicher Stellung stolz dahinschreiten zu sehen; er war ja jetzt in der glücklichen Lage, ihm eine Erziehung angedeihen zu lassen, die ihn zu den höchsten Aemtern und Würden führen konnte. Das viele Musiktreiben aber dünkte ihm geradezu gefährlich für diesen seinen Lieblingswunsch. Sein Sohn könnte ja wirklich einmal auf den Gedanken kommen, „Künstler" werden zu wollen, und dieses Wort hatte damals denn doch noch für jeden ehrbaren, biederen Bürger einen etwas üblen Beigeschmack. Die Zeiten, in denen der fahrende Musikant als ehrlos angesehen wurde, waren noch nicht allzu lange vorüber. Der junge Händel sollte also jetzt „nützlichere" Sachen treiben, so wollte es der väterliche Befehl. Da mag denn der Knabe mit trauriger Miene umhergeschlichen sein, manche heimliche Träne vergossen haben ob des strengen Gebotes. Sicherlich haben Mutter und Tante für ihn gebetet; der Vater jedoch blieb unerbittlich. Der flehende Blick des Lieblings muss aber doch ein Herz gerührt haben, ihm sogar gegen das Verbot zu helfen. Der Knabe erhielt eines Tages ein Clavichord (ein kleines Klavier mit ungemein leisem, aber angenehmem Ton); heimlich wurde es auf den Dachboden gebracht, und nun begannen glückliche Stunden für den jungen Künstler. Wenn er einsam dort oben, von niemand gestört, seiner Phantasie freien Lauf lassen konnte, was kümmerte ihn da die Umgebung; was in ihm erklang, liess ihn die Erde vergessen und die öde Dachkammer zu einem herrlichen Paradiese werden. Unterdessen wussten seine Beschützer des Vaters Herz allmählich milder zu stimmen. Da der junge Händel in der Schule gute Fortschritte machte und der Vater ja eigentlich nicht mehr verlangen konnte, ferner da auch in anderen Familien die Kinder zum „Vergnügen" musizierten, so durfte unser Georg Friedrich nun auch seine musikalischen Uebungen wieder in bewohnte Räume verlegen. Da trat ein Ereignis ein, welches für die Zukunft des Knaben bedeutungsvoll werden sollte. Der Vater war an den Hof des Herzogs nach Weissenfels befohlen worden. Sein Sohn wäre gern mitgefahren. Der Vater verweigerte es ihm. Damit wäre nun wohl die Sache abgetan gewesen, wenn nicht der Knabe von seinem Vater dieselbe unbeugsame Willenskraft, die sich bis zum Trotz steigern konnte, geerbt hätte. — Der Reisewagen ist abgefahren, schon hat er eine tüchtige Strecke Weges zurückgelegt, da — der Vater traut seinen Augen nicht — rufend und keuchend kommt jemand hinter dem Wagen hergerannt. Der liebe Sohn ist trotz des Verbotes dem Wagen nachgeeilt, hat ihn eingeholt und nun bleibt eben nichts anderes übrig, als ihn mitzunehmen. Zum Zurückschicken ist der Weg zu weit, die Anstrengung für den erst achtjährigen Knaben zu gross. Die Strafpredigt, die nun folgte, war sicher eine recht eindringliche, der Sohn auch gewiss aufrichtig zerknirscht und voll Reue, aber seinen Zweck hatte er doch erreicht· —

Seit dem Tode seines Vaters, des überaus kunstsinnigen und tüchtigen Herzogs August, und seitdem Halle unter die Administration des Kurfürsten von Brandenburg gestellt worden, im Jahre 1680, war der junge Herzog Johann Adolf dauernd nach Weissenfels übergesiedelt. Damit war der Glanz, den der Hof Augusts über seine Residenzstadt Halle ausgestrahlt hatte, verschwunden. Die glänzenden Hoffeste, die grossartigen Feuerwerke, die Schlittenfahrten, Ringelstechen und Ballette gehörten nun der Vergangenheit an. Das Theater, welches stets auf einer bedeutenden Höhe gestanden hatte, an dem einst mit am frühesten das deutsche Singspiel eifrige Pflege gefunden, das Hoforchester, in dem vorzügliche Künstler mitwirkten und mitgewirkt hatten, — wie der Komponist und Singspieldichter Phil. Stolle, der 1670 Kapellmeister war,[5]) der tüchtige Organist Berger und seit 1676 der nachher als Opernkomponist berühmt gewordene Krieger —, sie waren mit dem jungen Herzog nach Weissenfels übergesiedelt. Halle hatte damit den geistigen und künstlerischen Mittelpunkt verloren und die Pflege der Kunst ging nach und nach so zurück, dass selbst bei dem Stadtgymnasium, an welchem die Pflege der Musik und dramatischen Kunst auf einer seltenen Höhe stand, bereits 1710 die letzte grosse Schüler-Schauspielaufführung stattfand. Weissenfels aber hatten sich die Musen zu ihrem Sitz erkoren.[6])

Hier in dem vornehmen Rahmen einer glänzenden Hofhaltung fand der junge Händel eine Kunstausübung, wie er sie vordem nicht gekannt und wie sie mächtig auf sein junges, empfängliches Gemüt wirken musste.

Er scheint schnell der Liebling der Musiker geworden zu sein, vor allem wohl Kriegers. Man erkannte das wunderbare Genie des Knaben und trug dem Vater an, doch seinem Sohne zu gestatten, sich der Kunst widmen zu dürfen. Man führte ihm als Beispiel den grossen Meister Schütz an, der vor 20 Jahren in Weissenfels gestorben und dessen Andenken noch in aller Herzen war. Schütz habe auch Jurisprudenz studiert, sei aber doch der inneren Stimme gefolgt und habe sich dem Künstlerberuf zugewandt. Doch alle diese Worte hätten wohl wenig Eindruck auf den Vater Händel gemacht, wäre nicht ein ganz besonderer Umstand hinzugetreten. Eines Sonntags nahmen die Musiker ihren Liebling in der Kirche mit auf die Orgelempore. Zum Ausgang des Gottesdienstes wurde er auf die Orgelbank gesetzt und sollte nun seine Kunst zeigen. Händel spielte sein Postludium mit solcher Sicherheit und Fertigkeit, mit solch begeistertem Schwung, dass alle staunten und selbst der Herzog nicht von seinem Platze aufstand, bis der Knabe geendet hatte. Ganz ergriffen liess er ihn zu sich bringen und auch den Vater rufen. Er lobte den Sohn, beschenkte ihn reichlich und versprach, ihn auch fürder im Auge behalten zu wollen. Dem Vater aber machte er Vorstellungen, wie unrecht es sei, ein Talent gewaltsam in andere Bahnen weisen zu wollen. Wohl sei es notwendig, darauf zu achten, dass auch die wissenschaftlichen Studien nicht vernachlässigt würden, beides aber lasse sich doch aufs beste vereinigen. Dagegen wusste der Vater Händel nichts einzuwenden; der Herzog hatte Recht, das sah er ein, wenn auch sicherlich ungern. Auch der Respekt vor dem Herzog mochte mitwirken; kurz, als er nach Halle zurückkam, war sein erstes, einen tüchtigen Lehrer für seinen Sohn zu suchen. Dieser fand sich in Fr. W. Zachau. Zugleich aber sollten die Schulstudien ihren regelrechten Fortgang haben.[7])

LEHRJAHRE.

Der Herzog hatte die Notwendigkeit einer tüchtigen Schulbildung auch für den Musiker stark betont. Händel hat das offenbar auch selbst sehr früh erkannt. Es ist fraglich, ob er je den nie fehl gehenden ästhetischen Sinn bei Auswahl seiner Stoffe, bei Anlage der Texte und das überaus feine Gefühl für Abwägung der Gegensätze sowie die Plastik des Aufbaues errungen hätte, wäre sein Geist nicht durch die ernsten Studien, besonders der Humaniora, so geschult gewesen.

Die Schulen in Halle hatten besonders unter Herzog August in grosser Blüte gestanden. Neben den wissenschaftlichen Fächern wurde hier auch eifrig die Kunst gepflegt, besonders die Schauspielkunst; Schulkomödien wurden fast an allen Gymnasien häufig aufgeführt, so in Leipzig, Dresden, Zeitz[8]) und nicht zum wenigsten in Halle. Dargestellt wurden meist klassische Stücke, besonders des Terenz, aber auch solche biblisch-allegorischen und nicht minder mythologischen Inhalts. — Die Musik hatte am Halleschen Gymnasium einen grossen Aufschwung genommen, als Mag. Prätorius Leiter der Anstalt wurde (1675). Auch die Chöre der städtischen Kirchen waren von Gymnasiasten besetzt, und grössere musikalische Aufführungen in der Schulkirche fanden bei allen festlichen Gelegenheiten statt. War nun auch in dieser Beziehung nach Augusts Tode ein Rückgang zu merken, so war dieser doch wohl noch nicht so weit gediehen, dass nicht der junge Händel von solchen Aufführungen manche wertvolle Anregung und Förderung seines Talents hätte erhalten können.[9])

Als eigentlichen Musiklehrer Händels nannte ich bereits Zachau. Dieser war damals gegen 30 Jahre alt, somit selbst noch mitten in der musikalischen Entwickelung, was für den Schüler gewiss kein Nachteil war. Genial war er nicht. Aber er gehörte zu der Klasse jener ehrsamen, biederen Kantoren, die wie Buxtehude, Hammerschmidt, Kuhnau u. a. ein tüchtiges Können aufweisen und wohl bewandert in den Künsten des Satzes sind, deren Werke aber in ihrem geistigen Gehalt doch nicht über ein gewisses Niveau hinauszudringen vermögen. Die grosse Zeit der in Italien durch Monteverde und Carissimi begründeten Renaissance auf dem Gebiete des Sologesangs und des dramatischen Stils, selbst die neuen Ideen, welche Heinrich Schütz, der einzige geniale deutsche Meister dieser Zeit, von seinem Lehrer, dem herrlichen Meister J. Gabrieli, aus Venedig mitgebracht und in seinen Werken nachgeahmt hatte, sie waren unseren biederen Kantoren noch nicht zum klaren Bewusstsein gekommen, einzelne Versuche aber stets kläglich gescheitert. — Zachau hat eine Reihe verschiedenartiger Werke komponiert, vor allem Choralbearbeitungen für die Orgel und Kirchenkantaten für Chor, Solostimmen, Orchesterbegleitung und Orgel. Der musikalische Satz ist stets gut und gediegen, ohne sich indes durch besonders hervorragende Kunst auszuzeichnen, die musikalischen Gedanken bewegen sich meist in überall wiederkehrenden Figuren und Floskeln, nur selten überraschen sie durch irgend einen hervorragenden Einfall. Am schlimmsten sieht es mit der Behandlung des Textes aus. Man kann es kaum begreifen, dass der Einfluss eines Meisters, wie Heinrich Schütz, der erst im Jahre 1672 gestorben, noch so wenig sichtbar ist in Beziehung auf sinngemässe Textbehandlung. Bereits 1619 waren Schütz' grosse Psalmen erschienen, in denen der Meister nicht nur durch die Tat seinen Zeitgenossen die Notwendigkeit und Schönheit einer sinngemässen Diction zeigte, sondern sogar in der Vorrede ausdrücklich in Worten darauf hinwies. Andererseits hatten des Italieners Steffani Duette, besonders seitdem dieser Meister in Hannover wirkte, eine seltene Verbreitung gefunden, sie waren geradezu mode geworden und wurden nachgeahmt. Auch in diesen waren die Grundsätze einer vernünftigen Sprachbehandlung mit einer seltenen Schönheit der melodischen Linien gepaart. Aber merkwürdig, diese alten Organisten und Kantoren waren selbst in ihren Fehlern zu konservativ, als dass eine Spanne von wenigen Jahrzehnten eine Umwandlung hätte erzielen können. Und selbst die vielen Wandlungen in der Kunst, die Umwälzungen und Neugestaltungen der späteren Zeit haben diese Herren nicht von ihrem Standpunkte abzubringen vermocht; heute noch sind die Spuren ihrer Pedanterie besonders im protestantischen Norden nicht ganz verschwunden; heute noch gibt es Kantoren, die man als getreue Nachfolger ihrer Kollegen aus dem 17. Jahrhundert ansehen darf. Der Zopf hat eben auch Schule gemacht.

Nicht ohne Einfluss ist auch das Singspiel auf Zachau geblieben In den Rezitativen und Wechselgesängen seiner Kantaten ist ein theatralischer Zug oft unverkennbar.[10]) War nun auch Zachau keine geniale Natur, so hindert das nicht, dass er ein tüchtiger Lehrer sein konnte. Sicherlich hat er es mit dem Unterricht des jungen Händel sehr erst genommen und, soweit er selbst vermochte, ihn gründlich in die Geheimnisse des musikalischen Satzes eingeweiht. Das sehen wir daraus, dass Händel später sich seines Lehrers stets mit grosser Dankbarkeit erinnert. Den Kernpunkt der Studien bildete der Unterricht im strengen Satz. Nebenher wurde natürlich auch die freie Komposition gepflegt, und Händel hat sicherlich eine grosse Menge von Choralbearbeitungen und Fugen für die Orgel, Kantaten und sonstige Kirchenstücke schreiben müssen. Ueber den Wert von Studien gingen aber diese Arbeiten wohl kaum hinaus, wenn man auch annehmen darf, dass hier und da bereits die „Tatze des jungen Löwen" hervorschaute. In der Form dienten Zachaus Werke als Vorbilder, sowie auch die anderer Meister, welche sich damals eines besonderen Rufes erfreuten, wie Strungk, Ebner, Alberti, Kerl, Frohberger und Krieger. Die Werke dieser wurden nicht nur eifrig studiert, sondern auch vieles daraus von Händel in ein besonderes Buch abgeschrieben. Ein solches Sammelbuch aus dem Jahre 1698 hat Händel sein ganzes Leben hindurch pietätvoll aufbewahrt. Neben den theoretischen Studien wurden die praktischen nicht vernachlässigt. Mit grösstem Eifer übte er nicht nur das Orgel- und Klavierspiel, sondern auch die übrigen Orchester-Instrumente, mit Vorliebe die Oboe. Ganz besonderes Gewicht wurde auch auf das Generalbassspiel gelegt, d. h. die Kunst, zu einem gegebenen Bass die durch entsprechende übergesetzte Zahlen angedeuteten Harmonien sofort auf dem Instrumente hinzuzufügen. Händels Fortschritte müssen ganz ausserordentliche, seinem Genie entsprechende gewesen sein. Bereits im Jahre 1696, also mit 11 Jahren sehen wir ihn bewundert, gefeiert ob seiner künstlerischen Leistungen am Berliner Hof. —

Dort hatte die Kurfürstin Sophie Charlotte es verstanden, einen Kreis von hervorragenden Männern, Gelehrten und Künstlern um sich zu versammeln, dessen geistiger Mittelpunkt sie selbst war. Besonders war es die Musik, die durch sie eifrigste Pflege fand. Als hannöversche Prinzessin hatte sie den Unterricht Steffanis genossen und war so vertraut mit der Kunst, dass sie sogar imstande war, selbst vom Klavier aus Konzerte und Opern zu dirigieren.

In diesen Kreis tritt nun der junge Händel. Bescheiden geht er zum Flügel und beginnt zu spielen. Atemlos lauschen alle, wie bezaubert von den Tönen, die der Genius diesem Kinde eingibt, und mit heller Begeisterung jubelt man ihm zu, als er geendet. Nur einer stimmt nicht ein in den Beifall, Bononcini. Dieser italienische Komponist war, zugleich mit Ariosti, dem Komponisten und Cembalisten der Hofkapelle, eingeladen worden, den jungen Händel zu hören. Während letzterer nun seiner Freude über das wunderbare Spiel des Knaben begeisterten Ausdruck verleiht, steht Bononcini kalt und steif da; kein Wort kommt über seine Lippen. Und selbst, als Händel eine ungemein schwierige Probe als Generalbassspieler mit solcher Bravour ablegt, dass alle ihn staunend umringen, bringt er es kaum zu ein paar anerkennenden Worten. Von diesem Augenblicke aber hatte Händel einen unversöhnlichen Feind, der auch später sein Leben kreuzen sollte. Bononcini mochte es ahnen, dass in Händel ein Siegfried erstanden war, der dereinst Krone und Zepter der Kunst aus dem sonnigen Italien siegreich nach dem Norden tragen sollte! — Der Eindruck, den Händels Kunst auf alle gemacht hatte, war ein so grosser, dass der Kurfürst ihm anbot, ihn in seinen Schutz zu nehmen und für seine weitere Ausbildung zu sorgen. Der Vater Händel aber lehnte das Anerbieten ab. Ihn beherrschte noch die alte Idee, seinen Sohn einmal als hochgeehrten Juristen zu sehen, der die Musik nebenher zu seinem Vergnügen soviel treiben möchte, als ihm beliebe. Bei dieser Entscheidung blieb es. Zurückgekehrt, nahm der junge Händel seine Studien von neuem auf, sowohl die musikalischen als auch die wissenschaftlichen.

Im folgenden Jahre traf ihn ein schwerer Schlag. Am 11. Februar 1697 starb sein Vater im hohen Alter von 74 Jahren. Da die Vermögensverhältnisse recht gute waren, so brauchte sich in des Sohnes Leben nichts zu ändern. Ruhig konnte er seine Studien vollenden. Noch nicht 17 Jahre alt, hatte er das Gymnasium durchlaufen, und treu dem Willen seines Vaters, selbst über den Tod hinaus, bezog er im Jahre 1702[11]) die Universität seiner Vaterstadt als Studiosus juris. Am 10. Februar wurde er immatrikuliert und schrieb sich in die Matrikel ein:

Händels Eintragung in die Matrikel.

Die Universität Halle war damals eine der besuchtesten, vor allem in der theologischen Fakultät. Letztere bildete den Mittelpunkt des wissenschaftlichen Pietismus, jener durch Spener seit 1666 ins Leben gerufenen religiösen Richtung des Protestantismus, der die Religion eine Gefühls- und Gemütssache war. Es war die Religion der „stillen" „empfindsamen" Seelen, eine Richtung, welche auf die spätere Zeit, die Zeit unserer grossen Dichter, von grossem Einfluss geworden ist. Die Universität Halle war die Hochburg dieser Strömung, die sich sogar im Studentenleben bemerkbar machte. G. Freytag[12]) schildert das Studententreiben dieser Zeit vortrefflich: „Die Kollegien erhielten den Charakter von Erbauungsstunden, die massenhaften Gebete und geistlichen Uebungen führten zur Ueberspanntheit, statt der zügellosen Burschen, welche die Hieber an den Steinen gewetzt und ungeheure Gläser Bier floricos oder hausticos — in einem Guss oder in Schlucken — getrunken hatten, schlichen oder hüpften jetzt bleiche Gesellen durch die Strassen der Stadt, in sich gekehrt, mit heftigen Handbewegungen, mit lauten Ausrufen. Alle Gläubigen jubelten über die wundervollen Offenbarungen göttlicher Gnade, die Gegner klagten über die zunehmende Melancholie, über Geistesstörungen und Verrücktheiten der schlimmsten Art." — Dass übrigens die alten rohen Sitten noch nicht ganz ausgestorben waren, sondern auch ihre Vertreter unter der Studentenschaft hatten, davon lassen sich zahlreiche, meist sehr böse Beispiele anführen.[13]) Händels kerngesunde Natur passte weder zu der einen, noch zu der anderen Partei der Studentenschaft. Wohl war er im tiefsten Herzen religiös, aber der weichliche, sentimentale Pietismus hat ihn nie zu fesseln vermocht. Ebensowenig hätte sein gerader und biederer Sinn an den Roheiten und Zügellosigkeiten der anderen Partei je Gefallen finden können. Was sein Studium betraf, so tat er seine Pflicht, weil er es sich vorgenommen; was aber Händel einmal durchführen wollte, das führte er auch stets durch. Wohl gefühlt hat er sich kaum unter dem Schutze dieser Alma mater, die selbst aller weltlichen Kunst feindlich gesinnt war. —

Für die Entwickelung des Künstlers in ihm war ein Ereignis von grosser Wichtigkeit. An der reformierten Domkirche wurde die Organistenstelle plötzlich frei. Der bisherige Inhaber, Leporin, hatte der geistlichen Behörde durch seinen leichtsinnigen Lebenswandel viel Kümmernis bereitet. Viel und oft hatte man ihm verziehen. Eines Tages aber war er einfach abgereist und hatte sogar die Bücher, welche die Psalmen enthielten und für den Organisten unentbehrlich waren, mitgenommen, wahrscheinlich, um sie zu versilbern und den Erlös in Wein umzusetzen. Da musste nun schnell ein neuer Organist beschafft werden. Aber einen reformierten fand man nicht so schnell; so beschloss man, wenn auch ungern: „die Orgel zu schlagen ad interim Einem Evangelisch Lutherischen Subjecte gegen eine gewisse ergötzlichkeit" anzuvertrauen, bis man eine andere und der reformierten Religion zugetane, tüchtige Person finden werde. Dieses „Evangelisch Lutherische Subjectum" war unser G. F. Händel. Seine ordentliche Bestallung datiert vom 13. März 1702. Als Honorar werden ihm in derselben jährlich 50 Rthlr. zugewiesen.[14]) Was aber für Händel von grösster Bedeutung war, das war die Notwendigkeit, eifrig für neue Kirchenmusik sorgen zu müssen. Kantaten und Motetten, Psalmen und Choräle mussten für alle Feste des Jahres neu geschaffen werden. So wurde Händel zu einer regen, schöpferischen Tätigkeit geradezu gezwungen. Ein weiterer Vorteil war der, dass er seine Werke auch zu hören bekam, da ihm auch die Leitung der Gesänge oblag. So konnte er die Klangwirkung praktisch gründlich studieren.

In diese Zeit fällt auch die Bekanntschaft und der Verkehr Händels mit dem vier Jahre älteren Telemann. Diesem war es ähnlich in seiner Jugend ergangen wie Händel. Seine Mutter widersetzte sich mit aller Kraft seinem Wunsche, Musiker zu werden; der Sohn sollte, wie Händel, studieren und einst ein berühmter Rechtsgelehrter werden, die Musik aber gänzlich aufgeben. „Jenes war ohnedies meine Absicht," so erzählt Telemann in seiner Selbstbiographie,[15]) „und zu diesem bequemte ich mich ohne allen Widerspruch mit dem festen Vorsatze, auf einen geheimen Rath los zu studieren: hinterliess auch meine gantze musicalische Haushaltung, und begab mich 1701 nach Leipzig, da ich unterwegs in Halle, durch die Bekanntschaft mit dem damahls schon wichtigen Hrn. Georg Fried. Händel, beynahe wieder Notengifft eingesogen hätte. Allein ich hielt fest, und nahm meine vorige Gedancken wieder mit auf den Weg." Telemann hat es trotz aller guten Vorsätze zwar nie zum „geheimen Rat" gebracht, wohl aber ist er als Musiker einer der Besten seiner Zeit geworden. Er war eine gesunde, biedere Natur, welcher auch der nötige Humor nicht fehlte, dabei neidlos und voll Bewunderung für alles Grosse und Schöne in der Kunst. Auf Händel, den er bereits eine „wichtige" Persönlichkeit nennt, der also auch ausserhalb Halle schon als Künstler bekannt sein musste, hatte Telemann offenbar einen sehr günstigen Eindruck gemacht. Dem ersten Besuche folgten bald weitere auf beiden Seiten, auch Briefe wurden gewechselt, und während Telemann in der strengen Fugenkomposition sich an Kuhnau anschloss, stand er in betreff des „melodischen Satzes" auf einem Standpunkt mit Händel.

Dass Händel in Halle sehr viel komponiert haben muss, ist schon erwähnt. Mit absoluter Sicherheit aber lässt sich keins der Werke Händels als in die Hallesche Zeit gehörig nennen. Eine Cantate: „Ach Herr, mich armen Sünder" für Chor, Solostimmen und Begleitung von Violinen, Violen, Oboen, Fagott und Continuo, die in ihrer Anlage ganz die Zachau'sche Schule verrät, möchte Chrysander in diese Zeit setzen.

Der englische Händel-Biograph Burney erzählt[16]) von einer kleinen „Sammlung dreistimmiger Sonaten für zwei Oboen und Bass, sechs Stücke", die Händel im zehnten Lebensjahre verfasst habe. Diese habe später der berühmte Flötenspieler des Händel'schen Orchesters, Weidemann, besessen. Als dieser in späterer Zeit Händel die Sonaten einmal zeigte, habe der Meister lachend erwidert: „Ich vermochte damals wie der Teufel zu schreiben, vorzüglich für die Oboe, welche mein Lieblingsinstrument war." Die Sonaten sind aber so formvollendet und so reif, dass man sie wohl kaum einem zehnjährigen Knaben, und wenn er selbst Händel heisst, zuschreiben möchte.[17]) Nur ein Jahr blieb Händel in seiner Organistenstellung. Als der Frühling ins Land zog, da schnürte er sein Bündel, sagte der Juristerei für immer Valet, und fröhlich und tatendurstig enteilte er der düsteren Stadt, in der die Kunst, wenn sie nicht gerade der Kirche diente, keine Stätte mehr hatte. Nach Hamburg zog es ihn hin.

II.
HÄNDEL IN HAMBURG.

Während ganz Deutschland von der Kriegsfurie zerfleischt wurde, 30 Jahre lang, war Hamburg nicht nur von Kriegsleiden fast ganz verschont geblieben, es zog sogar einen Vorteil aus der Not des Landes insofern, als viele wohlhabende Leute ihr Hab und Gut hinter die festen Wälle Hamburgs retteten. Das erzeugte nicht nur eine Zunahme an Einwohnern, sondern es brachte vor allem Geld und Vermögen in die Stadt; dieses wirkte wiederum fördernd auf die Ausbreitung des Handels. Der Wohlstand hob sich noch ganz bedeutend, als infolge der niederländischen Wirren Antwerpen seine Bedeutung als internationaler Zwischenmarkt verlor. Was Antwerpen aufgeben musste, kam Hamburg zugute; von da ab übernahm es die Führung im europäischen Weltverkehr. Viele reiche Holländer waren ebenfalls nach Hamburg ausgewandert und halfen getreulich mit, der Stadt diese Stellung zu befestigen. So machte sich also schon innerhalb der Bevölkerung neben dem eingeborenen Hamburger ein freies Element geltend und wirkte verjüngend. Der grossartige Weltverkehr zog ferner eine Menge Fremder aus allen Weltgegenden in die Stadt. Der reiche Hamburger hinwiederum hielt darauf, dass auch seine Söhne die Welt sehen sollten; und so finden wir denn junge Hamburger in fast allen Ländern. Reisen aber erweitert den Gesichtskreis und lehrt alles Kleinliche meiden. Und das muss man sagen, das Hamburger Leben hat stets einen grossen Zug gehabt. Dabei verlangte man, dass der gebildete Jüngling in allen möglichen Künsten, im Tanzen, Fechten, Voltigieren und Reiten beschlagen sei; auch fremde Sprachen, vor allem Französisch, gehörten zum guten Ton, und nicht minder auch die Musik.[18]) Der stets wachsende Wohlstand bringt aber das Bedürfnis nach einem entsprechenden Luxus auch im öffentlichen Leben von selbst mit sich. Auf Reisen hatten die jungen Herren manches gesehen, was sich zu Hause nachahmen liess; für manches Schöne, besonders in der Kunst, bekamen sie erst in der Fremde ein Auge. Was Wunder, wenn ihnen dann zu Hause vieles, was ihnen früher genügte, jetzt als unschön erschien. So hatte man auch die Genüsse des Theaters, die von vagabondierenden Komödianten in Privathäusern, Buden u. s. w. besonders während des Jahrmarktes abgehalten wurden, satt bekommen; man sehnte sich nach etwas Besserem. Venedig hatte schon seit 40 Jahren ein eigenes Schauspielhaus, warum sollte das mächtige Hamburg, das deutsche Venedig, zurückstehen?

Im Jahre 1677 trat eine Gesellschaft begüterter Leute zusammen, bei welcher auch auswärtige vornehme Herren, namentlich der Herzog von Holstein, interessiert waren, an ihrer Spitze der Licentiat Gerh. Schott. Diese Gesellschaft liess ein eigenes Schauspielhaus zur Aufführung von Opern am Gosemarkt erbauen. Am 2. Januar 1678 wurde es mit der Oper „Der geschaffene, der gefallene und wieder aufgerichtete Mensch", von Theil, eröffnet. Die Ausstattung des Hauses war eine überaus prächtige und reiche. „Alle Diejenigen," sagt ein Zeitgenosse,[19]) „die dieses Opernhaus, dessen Grösse, Dekorationen, Musik und gute Anstalten sehen und hören, müssen gestehen, dass seines Gleichen wenig in Deutschland in einer Stadt zu finden sein werde. Ich selbst muss bekennen, dass ich bei meinem Dasein den Tempel Salomonis und die Stiftshütte, welche der selige Herr Lic. Schott zur Aufführung der Oper „Die Zerstörung der Stadt Jerusalem" mit grossen Kosten und unsäglicher Mühe hatte verfertigen lassen, gesehen, auch wegen der herrlichen und accuraten Baukunst und in Acht genommenen Symmetrie mich nicht genugsam habe verwundern, noch weniger habe satt sehen können". Anfangs waren es meist biblische Stoffe, welche zur Aufführung kamen. Diese sind durchsetzt von Allegorien und Moralitäten, auch Possen werden eingeflochten. Die Hauptsache ist die Pracht der Ausstattung und neben der Musik besonders der Tanz. So tanzen in der Oper „Die Geburt Christi" die Winde, die Furien, die Kameltreiber, die Bauern, welche in Bethlehem die Steuer entrichten. In der im Jahre 1680 aufgeführten Oper „Esther" treten 9 allegorische Personen auf, die Schönheit, die Tugend, die Ungestalt, ein Engel, die Höflichkeit, die Unruhe, die Demut, der Hochmut, der Fall. Die Unruhe kommt mit Cimbeln in das Schlafzimmer des Ahasverus geflogen und singt folgende Verse, die uns zugleich einen Begriff von der Art der Poesie dieser Opern geben:

„Ich bin ein schädlich Uebel
Und auch ein nützlich Werk:
So gleich' ich einer Zwiebel,
Die schwächt und gibt auch Stärk'."[20])

Ja, ungelenk und unbeholfen war diese Poesie, dabei durchsetzt von derben Scherzen und Possen, aber Eines besass sie doch, was sie uns bedeutsam erscheinen lässt, das ist der volkstümlich deutsche Zug, der diese Werke durchzieht. Wir waren auf dem Wege, eine echt deutsche Oper zu erhalten, wir hätten das Ziel auch vielleicht damals schon erreicht, wenn nicht der wälsche Einfluss sich so bald und so intensiv hätte geltend machen können.

Lange behielten die geistlichen Opern die Oberhand, wurden aber doch allmählich durch weltliche Stoffe mehr und mehr verdrängt, sodass bereits 1692 die letzte stattfand. Was nun die Musik anbelangt, so haben hier die Italiener den grössten Einfluss auf ihre Gestaltung gehabt, denn von Italien aus war der neue dramatische Stil, der Stilo recitativo,[21]) vor kaum 100 Jahren in alle Welt gegangen. Frankreich hat ihn eher erfasst als Deutschland, und so kam es, dass nicht nur von Italien, sondern auch von Frankreich her, besonders durch Lully die deutsche Musik Anregung erhielt. Dass dem so ist, ersehen wir schon daraus, dass unter den in Hamburg bis 1704 aufgeführten Opern auch zwei von Lully erscheinen.

Man darf sich nun diese Opern nicht in dem Sinne dramatisch vorstellen, wie wir heute dieses Wort verstehen. Uns würde die lange Reihe von Rezitativen und endlosen Arien fast als das Gegenteil erscheinen. Wie behäbig und gemütlich klingt nicht schon die Definition, die ein Zeitgenosse (Elmenhorst) damals von der Oper gibt: „Sie ist ein Singspiel, auf dem Schauplatz vorgestellet, mit ehrbaren Zurüstungen und anständigen Sitten, zu geziemender Ergötzlichkeit der Gemüter, Ausübung der Poesie und Fortsetzung der Musik." — „Singspiele, die in gewissem Ton und Abmessung des Taktes gesungen werden, nebenst anmutiger Erklingung des Fundaments und Grundstimme eines Spinettes (Klavier), Bassviolen, Bandoren u. dergl., dabei denn, um den Singenden eine Respiration zu gönnen, die Violinen zuweilen ein wenig sich hören lassen." — Der Gesang mag auch in der Regel nicht gerade zum Besten geklungen haben. Berufssänger gab es nicht. Als Darsteller und Sänger wirkten meist Studenten, die sich damit einen Nebenverdienst schufen, und Handwerker. Die Frauenrollen wurden anfangs stets von Männern dargestellt.

Besser stand es mit den Musikern. Hamburg beherbergte damals eine ganze Reihe der hervorragendsten Künstler auf allen Instrumenten. Unter der Leitung des Kantors Bernhard, des Nachfolgers von Heinrich Schütz, hatten sich sogar die Musiker zu einer Gesellschaft, dem „Collegium musicum", verbunden. In keiner Stadt war aber auch der Künstler so geehrt und geachtet, wie gerade in Hamburg; hier haftete ihm nichts mehr an von dem Makel der fahrenden Gesellen der alten Zeit, hier schreitet er stolz, jedem Bürger gleichberechtigt einher und heimst Ruhm und Ehren nicht minder ein, als Gut und Geld.

Die Oper hatte ruhig fortgeblüht bis zu Ende 1684. Sie hatte aber mit einem Feinde nicht gerechnet, der pietistischen Geistlichkeit. Diese eiferte in Predigt und Schrift gegen die „Opera diabolica", und es kam endlich so weit, dass der ehrenwerte Herr Pfarrer Joh. Winckler in sein Protokollum eintragen konnte: „Erlangte durch Gottes Gnade so viel, dass den 29.—30. Juli in conventu civium die Opern wieder inhibieret und abgestellet worden. Deo sit laus pro ista victoria verbi."[22]) Doch im folgenden Jahre begannen die Freunde der Oper einen Gegenfeldzug und setzten es durch, dass das Theater wieder geöffnet werden durfte. Nun beginnt eine neue Blütezeit; unter den Textdichtern tritt Postel am häufigsten auf, als Komponist zunächst Förtsch und dann Conradi. Ihre Glanzzeit aber erlebte die Oper unter Reinhard Keiser. Geboren war er 1673 in der Nähe Leipzigs. Bereits als sehr junger Mensch kam er nach Hamburg. So leicht er es oft mit seiner Kunst nimmt, eine Gabe liess ihn nie im Stich, die der schönen Melodie, welche wie ein frischer Quell aus dem Herzen strömt, unbesonnen und unbekümmert, wohin sie der Weg führen wird. Wo aber der rieselt, da erblühen aus Wüsteneien liebliche Auen voller Blumenduft. Nach Wintersnacht ist der Lenz erwacht. Wie seine Melodien, so sorglos und heiter war auch des Meisters Dasein. Ohne sich zu besinnen, nahm er das Leben, wie es sich ihm gab. Hatte er Geld, so ging's hoch her; hatte er keines, nun so kümmerte ihn das auch nicht, wusste er doch, dass es sicher bald wieder anders kommen würde. Eine durch und durch gutmütige, sogar naive Natur, war er leichtsinnig, verliebt und verschuldet. Das machte aber alles nichts. Er war der Mann des Tages, seine Melodien waren in aller Munde, er hatte die Volksseele zum Erklingen gebracht, und das Volk liebte seinen Helden abgöttisch.

Als Händel im Jahre 1703 nach Hamburg kam, waren diese Glanzzeiten der Oper allerdings bereits im Sinken, aber lernen konnte Händel hier immer noch genug. Die erste Bekanntschaft, die er in Hamburg machte, war mit Johann Mattheson, der etwa vier Jahre älter als er und ein Universalgenie war. An der Bühne war er Tenorist und zugleich Cembalist, auch die Orgel verstand er zu schlagen und setzte einfache und doppelte Fugen. Am meisten aber hat er wohl als Schriftsteller geleistet. Was er da alles geschrieben, das lässt sich kaum aufzählen. Dabei ist er von einer seltenen Eitelkeit besessen, redselig, oft hinterlistig, boshaft und kleinlich, wenn er jemand etwas anhaben will, und doch kann man ihm nicht eigentlich gram sein. Denn andrerseits ist er wieder von einer wirklich ehrlich gemeinten Gefälligkeit und Geschäftigkeit, gilt es, gutes zu tun. Wohl mochte wieder etwas Eitelkeit dabei sein, als er die Bekanntschaft mit Händel schloss, dessen Ruf ja schon anfing, sich zu verbreiten. Und die Art, wie der bewegliche Mattheson den Protektor dieser Kraftnatur gegenüber spielt, hat geradezu etwas Komisches. Aber nichtsdestoweniger, er hat doch damals Händel ehrliche Freundschaft erwiesen, ihn in sein väterliches Haus eingeführt und Privatstunden verschafft, was ihm als einem der gesuchtesten Lehrer allerdings leicht fiel; auch sonst hat er sich bemüht, seinem Freunde in Hamburg behilflich zu sein. Wir aber dürfen ihm besonders danken; denn gerade seine Schriften bieten uns nicht nur über Händel, sondern überhaupt über diese Zeit eine reiche Fundgrube von Tatsachen. So zeigt uns z. B. die kurze Bemerkung, die Mattheson über Händel macht, dieser habe, als er in Hamburg ankam, „sehr lange, lange Arien und schier unendliche Kantaten, ohne rechtes Geschicke, obwohl sie eine vollkommene Harmonie hatten", komponiert, dass Händel damals noch ganz in der Art seines Lehrers Zachau geschrieben. Auch die Bemerkung: „Er war stark auf der Orgel: stärker als Kuhnau, in Fugen und Kontrapunkten, absonderlich ex tempore; aber er wusste sehr wenig von der Melodie", ist zutreffend und bezeichnend. „Bald aber wurde er durch die hohe Schule der Oper ganz anders zugestutzt", heisst es weiter. Es ist in der Tat wunderbar zu sehen, wie schnell sich Händel die Vorzüge der Oper angeeignet. Die bereits 1704 geschriebene erste Oper „Almira" wird uns den Beweis dafür erbringen. Musikalisch überragt sie fast alle Werke, die bisher über die Hamburger Bühne gegangen waren.

Da es Händel, als er nach Hamburg ging, besonders um die Erlernung des dramatischen Stils zu tun war, suchte er in möglichst nahe Beziehung zur Bühne zu kommen und trat deshalb als zweiter Geiger in die Kapelle ein. Als er ankam, hatte jedoch die Oper noch nicht begonnen, Händel konnte dadurch über seine Zeit frei verfügen und sich auch, wo es ihm passte, der Führung Matthesons überlassen. Seine Stimmung muss damals, als er den Schulstaub in Halle von den Füssen geschüttelt hatte, die beste gewesen sein. So zogen die beiden eines Tages zusammen nach Lübeck, wo eine Organistenstelle zu besetzen war. Man suchte einen Nachfolger für den berühmten Organisten Dietrich Buxtehude, der aber noch lebte. Alle Orgeln musste Händel „bespielen", die Klaviere waren Matthesons Sache. Auch dem alten Orgelmeister hörten sie „mit Andacht" zu. Die Stelle wäre unserm Händel wohl sicher gewesen; aber selbst, wenn er sehr darauf gerechnet hätte, was indessen bei seinem Hinneigen zur dramatischen Musik kaum der Fall war, es war eine Bedingung mit der Stelle verknüpft, die unserm Helden die Lust daran völlig verdarb. Wer die Stellung nämlich erhielt, der musste die Jungfer Buxtehude zugleich als Frau in

Kauf nehmen. Dazu hatte Händel nicht die geringste Lust, und so zogen die Beiden schleunigst zurück nach Hamburg.

Vielleicht durch seine Beziehung zur Oper oder auch durch seinen Freund lernte Händel bald darauf den durch seine Singspieltexte berühmten Christian Postel kennen. Dieser wollte aber von der Oper nichts mehr wissen, er hatte sich ganz dem ernsten Epos zugewandt. In Händel, der ihm wohl noch nicht so stark durch die leichtsinnige Muse der Oper beeinflusst zu sein schien, mochte er glauben, den Mann gefunden zu haben, der zu seinen ernsten Dichtungen eine entsprechend erhabene Musik schreiben könnte. Ihm vertraute er daher seine neue Dichtung: „Passion nach dem Evangelisten Johannes" an. Händel ging eifrig an die Komposition des Textes, und man sieht es dem Werke an, dass es mit jugendlicher Begeisterung geschrieben ist. Es ist schwer, für die Beurteilung dieses Werkes die richtige Wertschätzung zu finden; stets liegt die Gefahr nahe, die Anschauungen einer späteren Zeit bereits in diese zu übertragen. Was man später scharf tadeln würde, die Unbeholfenheit der Diktion, die unserem Geschmacke geradezu entgegengesetzte Art der Behandlung von Stellen, wie: „Es ist vollbracht" mit ihren steifen Koloraturen, fielen damals sicherlich nicht unangenehm auf, denn dieser Stil war in Deutschland noch überall anzutreffen. Dass Händel mit einem Schlage seine ganze frühere Art vergessen haben sollte, ist unmöglich; ebenso augenscheinlich ist es aber, dass er durch die Oper sehr viel gelernt hat, vor allem das Streben nach einfachem wahren Ausdruck der Kantilene nach Art der Italiener. Das Duett: „Schauet, mein Jesus ist Rosen zu gleichen" ist in dieser Beziehung musterhaft und in seiner Einfachheit von tiefster Empfindung und höchster Vollendung. Auch das Duett für zwei Tenöre: „Welche sind des Heilands Erben?" zeichnet sich nicht minder durch warmen Ausdruck, als auch durch die Schönheit der melodischen Linien aus. Im Duett hatte Händel allerdings ein vorzügliches Vorbild in Steffani, und diese beiden Stücke lassen deutlich erkennen, dass er ihn mit grösstem Nutzen nicht nur studiert und nachgeahmt, sondern in einer Beziehung in dem erstgenannten Duett noch übertroffen hat, durch die unendliche Tiefe der Empfindung. Aber auch unter den Einzelgesängen finden sich Stellen von wundersamer Schönheit und tiefster Empfindung, wie: „Weib, siehe Deinen Sohn". Von strotzender Kraft trotz aller Holprigkeit der Koloratur ist die Arie: „Erschüttre mit Krachen". Die Begleitung der Sologesänge ist meist eine sehr einfache. In vielen Stücken begleiten neben dem Cembalo nur Violoncelli und Bässe. Treten die Geigen dazu, so füllen sie meist nur die Pausen und Ruhepunkte der Solostimme aus, schweigen aber während des Gesanges. Die wunderbare Kunst Händels, der Singstimme auch in der Begleitung einen Instrumentalgefährten von selbständiger, charakteristischer Art zu geben, beide nebeneinander herzuführen und zugleich aufs innigste mit einander zu verweben, zeigt sich erst in kleinen Ansätzen, ebenso wie der Sinn für eigenartige Klangfarben noch wenig sichtbar wird. Der Chor vertritt, ausgenommen im Schlusschor, das Volk der Juden, greift also dramatisch in die Handlung ein. Gerade diese kurzen Chorsätze zeigen meist eine dramatische Schlagfertigkeit, die in vieler Beziehung seine unübertroffene Meisterschaft nach dieser Richtung, wie sie die Werke der späteren Zeit auszeichnet, bereits offenbart. Da ist fast nirgends ein Herumtappen und Suchen nach dem richtigen Ausdruck; mit wenigen Strichen malt er die Szene so scharf und sicher, wie es nur der kann, der die Technik seiner

Kunst absolut beherrscht. Allerdings, diese Passion ist ein Jugendwerk und besitzt als solches ihre Schwächen. Vor allem fehlt ihr die Stil-Einheit, sie steht auf der Wegscheide zweier Perioden. Man fühlt das Bestreben, sich von der alten Schule frei zu machen; doch gelingt es nicht immer und führt dann zu Härten und Ungelenkigkeiten. Der frische Wagemut der Jugend aber, der Händel überall leitet und ihn besonders in harmonischer Beziehung bereits zu kühnen Kombinationen führt, z. B.

der Wille und die Kraft, etwas Besonderes zu leisten, leuchten bereits aus jeder Note heraus und lassen uns fühlen, dass hier ein junger Adler den Flug zur Sonne beginnt.

An der Oper hatte Händel längst die zweite Geige bei Seite gelegt und statt ihrer die ungleich wichtigere Stelle des Begleiters am Klavier übernommen. Keiser, der das Theater selbst in Pacht hatte, kümmerte sich wenig mehr um die Kunst; seit Jahren hatte er keine Oper mehr geschrieben, sondern seine Zeit in Wohlleben und Liederlichkeit vergeudet. Was lag ihm daran, dass die Oper von Tag zu Tag mehr zurückging! Eines Tages übergab ihm der Pfarrer und Dichter Friedr. Christ. Feustking einen Operntext, Almira, der einem gleichnamigen italienischen Libretto nachgebildet war. Keiser schien sich aufraffen zu wollen und begann mit der Komposition. Aber kaum angefangen, war ihm die Arbeit schon wieder leid; er liess sie liegen und trat den Text versuchsweise dem jungen Händel ab. Von einem Anfänger, der noch keine Oper geschrieben, glaubte er am wenigsten eine gefährliche Nebenbuhlerschaft erwarten zu müssen. Händel griff zu und ging sofort mit Eifer an die Komposition der Oper, seines dramatischen Erstlingswerkes. Sobald eine Szene fertig war, zeigte er sie Mattheson, und nun wurde sie durchgesprochen, kritisiert, vielleicht auch geändert, wenn es notwendig schien. Mattheson hatte die langjährige Praxis der Bühne vor Händel voraus und konnte ihm sicher manchen praktischen Rat über Oekonomie und Bühnenwirksamkeit geben. Dieses fast freundschaftliche Verhältnis der beiden wurde aber durch ein Ereignis plötzlich grausam gestört. Auf dem Repertoire stand gerade eine Oper „Cleopatra" von Mattheson. Bei seiner Eitelkeit und Sucht, nach allen Seiten zu glänzen, war es Mattheson nicht genug, dass er in seinem Werke den Antonius selbst sang, vielmehr, wenn dieser etwa eine halbe Stunde vor Schluss der Oper gestorben war, erschien er plötzlich im Orchester, nahm die Stelle am Flügel ein und dirigierte von dort den Rest der Oper, um auch nach dieser Seite hin Bewunderung zu ernten. Zweimal hatte Händel, wenn er sich auch über die Geschmacklosigkeit und Eitelkeit seines Vertrauten weidlich geärgert, ihm den Gefallen getan und ihm den Platz am Klavier eingeräumt. Bei der folgenden Vorstellung jedoch wurde Händel, der auch sonst gerechten Grund hatte, auf Mattheson nicht gerade aufs beste gestimmt zu sein, die Sache zu toll. Als der „verstorbene Antonius" wieder im Orchester „lebendig" wurde, blieb Händel ruhig am Flügel sitzen. Mattheson war ausser sich, konnte aber vor allem Publikum nichts dagegen tun. So stand er denn neben dem Flügel als Zielscheibe des Spottes, der seiner Eitelkeit von allen Seiten gezollt wurde. Nun ist die Oper zu Ende. Beide verlassen zusammen das Theater. Mattheson ist aufs äusserste gereizt und gibt Händel eine Ohrfeige als Herausforderung zum Zweikampf. Das war unserm Händel doch zu viel. Schnell fahren die Degen aus der Scheide, und auf dem Gänsemarkt, vor allem Volk, wird das Duell ausgefochten. Mattheson erzählt, dass ein von ihm geführter Stoss glücklicherweise von einem Metallknopfe an Händels Rock abprallte und so grösseres Unglück verhütet worden sei. Händel machte der Sache dadurch ein Ende, dass er seinem Gegner die Klinge entzwei schlug. Die Versöhnung folgte dem Streite auf dem Fusse, tags darauf sehen wir sie beide zusammen zur Probe der Almira gehen, in der Mattheson die Haupt-Tenorpartie sang. Obgleich Almira fertig war, konnte die Aufführung der Adventzeit wegen, in der nicht gespielt werden durfte, vor Weihnachten nicht stattfinden. Alles wartete gespannt auf das Werk. Händel war durch sein vornehmes und biederes Wesen, seine tadellose Aufführung, die im gewaltigen Gegensatze zu der Keisers und Genossen stand, geschätzt und beliebt; über die Oper verlautete gerüchtweise, sie enthalte wunderbare Schönheiten. Dazu kam nun noch der Vorfall im Theater und das Duell auf dem Gänsemarkt, bei welchen die öffentliche Meinung ganz auf Seiten Händels stand, was nicht wenig dazu beitrug, das ihm von allen Seiten bereits zugewandte Interesse noch zu vergrössern. Endlich am 8. Januar sollte die Oper zum erstenmale in Szene gehen. Das Haus ist dicht gefüllt. Händel erscheint und nimmt seinen Platz am Cembalo ein. Jetzt beginnt die Ouverture. Breit und mächtig, drängend und zur Höhe strebend hebt sie an, um dann im zweiten Teil in energischeren synkopierten Rhythmen ein Bild von leidenschaftlicher Glut zu malen. Was waren dagegen die kleinen, niedlichen Opern-Intraden Keisers! Nun erwartet man als Eingang einen Chor, aber der Komponist beginnt mit einem meisterhaft behandelten Rezitativ. Dann folgt Nummer auf Nummer, ein Lied schöner und prächtiger als das andere. Das Stück stellt eine Liebeskomödie dar, in der drei Paare gegen alle möglichen und unmöglichen Zufälle und Schicksale, die ihrer Liebe sich in den Weg drängen, ankämpfen und sie natürlich schliesslich auch besiegen. Nun hatte ja wohl Keiser schon darauf geachtet, die Worte der Rede scharf zu erfassen und sinngemäss zu deklamieren, vielleicht besser als es Händel hier gelungen, aber eins war ihm und allen seinen Genossen fremd geblieben. Sie haben niemals daran gedacht, dass es im Drama ebenso wichtig, ja fast noch wichtiger ist, die handelnden Personen auch musikalisch zu charakterisieren. Das aber tritt uns hier zuerst, wenn auch noch in Anfängen, entgegen. Wenn Almira, die Königin, ihre leidenschaftliche Arie „vedrai, s'a tuo dispetto"[28]) singt, da fühlt man aus der Musik heraus, dass man es mit einer Königin zu tun hat. Nicht minder heben sich die Stücke Fernando's, Almira's Geliebten, hervor und geben ein Bild seines vornehmen und edlen, stets weichen und gemütvollen und doch wieder männlich stolzen Charakters. Seine erste Arie „Liebliche Wälder", eine entzückend einfache Melodie, ist zugleich in der Klangfarbe (Streichquartett und Flöten) äusserst fein der Stimmung angepasst. Eine andere (Ob dein Mund wie Plutons Rachen) zeigt uns Händel als Meister im Instrumentieren. Hier treffen wir schon die reizende Gegenüberstellung von Holzbläsern (Oboen und Fagotte) und Streichern, durch die Händel später in seinen Meisterwerken so prächtige Effekte erzielt; — ich erinnere nur an die grosse Arie des Herakles in C-dur.

Während das Ohr sich den immer reicher hervorquellenden Tönen hingibt, ist für das Auge nicht minder gesorgt. Wo es nur angeht, sind prächtige

Aufzüge mit Musik auf der Bühne, Tänze und Ballets eingefügt, jeden Augenblick wechselt die Szene und lässt neue Bilder erscheinen. Was Wunder, dass beim Fallen des Vorhanges alles Händel zujubelt; er hat den ersten grossen Erfolg errungen. Wiederholung auf Wiederholung folgte. Almira war das Tagesgespräch, und Händel mit einem Schlage ein berühmter Mann.

Ich habe hier nur auf das Schöne und Hervorragende der Oper hingewiesen; dass dieses Erstlingswerk anderseits auch grosse Schwächen nach jeder Richtung hat, gerade so gut wie die Passion, ist natürlich, kann aber dem Genie Händels keinen Abbruch tun; denn diese Schwächen entspringen nicht dem Unvermögen des Komponisten, sondern sind Folgen äusserer Verhältnisse der Zeitrichtung und des Zeitgeschmacks. —

Durch den Erfolg der Almira angeregt, begann Händel sofort die Komposition einer neuen Oper, des „Nero". Das Werk gelangte am 25. Februar 1705 zur Aufführung und erntete wieder grossen Beifall. Wie die Musik beschaffen war, lässt sich nicht sagen, da die Partitur verloren gegangen. —

Händel fühlte sich aber trotz aller Erfolge nicht mehr wohl an der Hamburger Bühne. Der Neid Keisers, die vielen hässlichen und gemeinen Intriguen, die an der Bühne herrschten, widerten seinen geraden, vornehmen Sinn an. Kurz entschlossen sagte er eines Tages dem Theater Valet und lebte seit Ostern 1705 nur von seinen Privatstunden, deren er nicht wenige zu geben hatte.

Händel hätte nun behaglich, ruhig und sorgenfrei in Hamburg leben können, an Ehre und Ruhm würde es ihm dort nicht gefehlt haben; und wer weiss, wenn er gewollt hätte, er hätte es sicher, wie Mattheson, noch zum Legationssekretär oder sogar zum Senator gebracht. Wie kann man nur, so wird Mattheson, der „Freund", sicher oft gefragt haben, eine solche Zukunft einfach aufgeben und aufs Ungewisse hin fortziehen! Dass sich dieser Händel auch nie seinem Protektorat fügen wollte! — Händel aber wusste sehr genau, weshalb es ihn drängte, möglichst bald von Hamburg fortzukommen. Was er von Keiser lernen konnte, hatte er gelernt. Es war nicht wenig gewesen. Das zeigt am deutlichsten ein Blick in Keisers „Octavia", eine seiner bedeutendsten Opern. Auf dieses Werk weist alles zurück, was wir in Händels italienischen Opern als Anklänge an Keisers Melodien finden.*) Händel fühlte es: um seine Kraft ausnützen zu können, bedurfte er einer Schulung, die ihm Deutschland nicht bieten konnte. Seine Kunst hatte noch viele scharfe Kanten und Ecken. Die Schönheit war unter der steifen Kleidertracht, die sie umhüllte, nur zu ahnen. Wollte er sie ganz sein eigen nennen, so musste sie erst diese Hülle von sich werfen, musste vor ihm stehen in ihrer ganzen Wahrheit und Natürlichkeit. Das war aber nur in Italien möglich. Eine mächtige Sehnsucht nach diesem Wunderlande der Kunst ergriff ihn und wurde noch gesteigert durch die anregenden Erzählungen eines begeisterten Musikfreundes von Toskana, der für Händel, nachdem er Almira gehört hatte, schwärmte.[24] —

An der Hamburger Bühne waren unterdessen merkwürdige Dinge eingetreten. Keiser hatte wieder einmal so viele Schulden, und die allgemeine

---
*) Vergl. das Vorwort zu Supplement 6, enthaltend Quellen zu Händels W.: Octavia v. R. Keiser. D. H. G. Hier hat Dr. Seiffert eine ganze Reihe Parallelstellen beider Meistenebeneinander angeführt. Ferner des Verfassers Aufsatz: „G. F. Händel und die Eigenart seines Schaffens". 2. Oktober-Heft der „Musik". 1906.

Stimmung war so gegen ihn, dass er sich nicht mehr zu helfen wusste und kurzer Hand durchbrannte. Der neue Theaterdirektor, der die Bühne mit Anfang des Jahres 1707 übernehmen sollte, bedurfte einer zugkräftigen Novität. An Keiser konnte er aus leicht erklärlichen Gründen nicht denken; er wandte sich daher an Händel mit der Bitte um eine Oper. Händel nahm den Auftrag an und schrieb die Oper „Florindo und Daphne". Die Partitur ist ebenfalls verloren gegangen. Als das Werk aufgeführt wurde und wenig Beifall fand, war Händel längst in Italien.

III.
HÄNDEL IN ITALIEN.

Wie Deutschland, so hat auch Italien seine Reformation gehabt. Diese aber war nicht einem christlich-religiösen Sehnen entsprungen, wie die deutsche, nicht dem Drang nach Vertiefung des religiösen Sinnes, vielmehr war es hier ein Sehnen in entgegengesetzter Richtung, nach einem rein weltlichen Ideal der Schönheit. Jener strengen, weltabgewandten, transzendentalen Schönheitsidee, wie sie das eigentliche Mittelalter besonders in der Kunst der Gothik zum Ausdruck gebracht hatte, war man überdrüssig geworden; man suchte ein fassbares, lebendiges Ideal an Stelle des symbolischen, ein Ideal, welches fähig war, das ganze Leben zu durchdringen und so gewissermassen die Welt zum Himmel zu machen. Und da die Zeit erfüllet war, da tauchte es langsam empor, wie ein Märchen von wunderbarer Pracht: die schönheitstrunkene Welt des klassischen Altertums. Wie ein Jungbronnen erschien diese Zauberwelt, in der Zeit und Menschen nur unterzutauchen brauchten, um wiedergeboren zu werden und neuverjüngt empor zu steigen. —

Diese Bewegung der Wiedergeburt, der Renaissance, stützt sich aber nicht nur auf die Neubelebung antiken Geistes. Sie wäre unmöglich gewesen, wenn ihr nicht eine Emanzipation des Individuums vorausgegangen wäre, ein Hinstreben der nationalen Kräfte auf eine individualistische Kultur überhaupt.[25]) So nur war es möglich, dass der antike Geist von neuem lebendig werden konnte, befruchtet von Italiens Volksseele. Es war eine Verbindung, wie sie später Goethe uns durch die Vermählung von Faust und Helena so herrlich schildert; dem Euphorion, dem Sprössling dieser Verbindung, gleicht die Zeit der italienischen Renaissance. In Florenz hatte das neue dionysische Zeitalter seinen Anfang genommen; gleich der hellleuchtenden Sonne war es emporgestiegen, in Florenz, unter der schützenden Hand der Medicäer, hat es seine grössten Triumphe gefeiert, hier ist es, Euphorion gleich, herabgestürzt und versunken. In Florenz war es, wo am Hofe kunstsinniger Fürsten der göttliche Dante, der sinnige Petrarca und der liebenswürdige Boccaccio unsterbliche

Werke schufen, hier weilte der gewaltige Michel Angelo, hier der poetische Leonardo da Vinci und der schwärmerische Carlo Dolci. Hier war es auch, wo Galileo Galilei den von ihm 1610 entdeckten Jupitertrabanten den Namen der Medicäischen Sterne verlieh. In Florenz endlich erfanden Graf Bardi und Vincentio Galilei jenen neuen musikalischen Stil, den sie Stilo recitativo oder Stilo rappresentativo nannten, und der die Grundbedingung wurde für die sich aus ihm entwickelnde Oper. „Wie man Seelenbewegungen richtig und wahr (in der Musik) ausspricht", so schrieb Galilei 1581,[26]) „können sie (die Musiker) in der ersten besten Tragödie oder Komödie, welche von Schauspielern dargestellt wird, lernen. Sie wollen da auf die Betonung des Einzelnen achten, wie die Stimme hoch oder tief, die Rede langsam oder schnell ist, wie die Worte accentuiert werden, — sie sollen Acht geben, wie der Fürst mit den Vasallen oder mit den ihn Anflehenden, wie der Zornige wie der Eilfertige, wie die Matrone, wie das Mädchen redet, wie der einfältige Knabe spricht, wie der Klagende, der Schreier, der Furchtsame, der Lustige u. s. w. Hat doch selbst das Tier seine Stimme, um auszudrücken, ob ihm wohl oder wehe ist:" —

Jugendbild Händels von Thornhill.
(Fritzwilliam Museum, Cambridge).

Also Wahrheit des Ausdrucks in der Darstellung der Affekte. Aber nicht die Musik als solche durch sich, sollte diese Aufgabe erfüllen, einzig nur die Art, wie sie das Wort ergriff und den im Worte liegenden Affekt durch analoge Bewegung deklamatorisch steigerte, sollte es geschehen. Die Musik nahm dem Worte gegenüber die Stelle der dienenden Magd ein. In dem Widerspruch, der darin lag, dass die Musik sich bemühte, keine Musik sein zu wollen, lag zugleich die grundsätzliche Verurteilung dieser Richtung.

Caccini war der Erste, welcher diese Grundsätze in die Praxis übersetzte, indem er nach der „neuen Art" einstimmige Madrigale mit Begleitung komponierte. „Einstimmige", denn auch in der Musik machte sich bereits die Emanzipation des Individuums, die Loslösung des Sängers aus der Allgemeinheit des Chores bemerkbar. Und wieder war es Florenz, wo im Hause des musikliebenden Grafen Corsi die erste Oper im neuen florentinischen Stil, Peri's „Dafne",[27]) zur ersten Aufführung kam.

Aber die sklavisch strenge Beobachtung der genannten Theorien der neuen Kunst erzeugte einen dramatischen Stil, dem in seiner trockenen, pedantisch deklamatorischen Art die Luft der Gelehrtenstube, der er entsprungen, anhaftete. Erst in dem Augenblick, in dem der Musiker sich selbst wiederfand, in dem er es wagte, die eigene Herzensempfindung, frei in Tönen, gemütvoll ausklingen zu lassen, sorglos und unbekümmert um alle Theorie, vermochte die Oper sich zum wirklichen Kunstwerke zu erheben.

Dieser Fortschritt vollzieht sich in Monteverde. Er unterbricht zuerst den rezitatorischen Gesang durch die gefühlswarme Kantilene und benutzt diese, um in ihr die Höhepunkte des Empfindens festzuhalten und musikalisch zu verbreitern. Während sein erstes Werk, der „Orfeo", noch die Schwächen der florentinischen Schule zeigt, bei aller genialen Kühnheit eine Unbeholfenheit in der Darstellung und besonders der Harmonik, erscheint sein letztes und wohl bedeutendstes Werk, die vor wenigen Jahren aufgefundene „Incoronazione di Poppea" (1642), von einer Vollendung und Reinheit des Stils, einer Sicherheit und Tiefe des musikalischen Ausdrucks, dass wir auch heute noch davon gefesselt werden. Es ist zu bedauern, dass aus der ganzen Zeit, die zwischen diesen beiden Werken liegt, nur wenige, wenn auch hochbedeutende Bruchstücke vorliegen, wir würden sonst imstande sein, an diesem Meister die ganze bedeutsame Entwicklung dieser Zeit darzustellen.

Während Monteverde in Venedig eine Glanzzeit der Oper heraufbeschwor, war man im übrigen Italien nicht minder eifrig mit dem Ausbau der neuen Kunstgattung beschäftigt. Von höchster Bedeutung wird die römische Oper. Meister wie Marco di Gagliano, Steffano Landi, Mich. Rossi, Loreto Cavalli u. a. erhoben die Oper zu mächtigem Glanz. Vor allem räumten sie dem Chore wieder erhöhte Bedeutung ein, indem sie ihn aus den Banden der harmonisch-deklamatorischen Monotonie befreiten.*) Etwas später tritt Neapel in die Bewegung ein, um bald die Herrschaft ganz an sich zu reissen. Hatten die Römer noch das dramatische Element in seiner ganzen Bedeutung erkannt und hervorgehoben, so beansprucht bei den Neapolitanern bereits die Kantilene als Hauptsache betrachtet zu werden. Können wir bei den Florentinern und Römern mit Recht von einem „musikalischen Drama" reden, so bedeutet die neapolitanische Kunst den eigentlichen Anfang der „italienischen Oper". Leider sollte gerade sie berufen sein, die Welt zu beherrschen. Erst der deutsche Meister Gluck brach den Bann, indem er das dramatische Element wieder in den Vordergrund stellte, an die Ideen der Florentiner anknüpfend. Als der grösste Meister der neapolitanischen Oper gilt A. Scarlatti. Für Händel wird sein Einfluss von hoher Bedeutung.

Und noch eine Kunstgattung hatte der neue „Florentiner" Stil im Gefolge: die Kantate.

Kirche und Haus bemächtigten sich schnell der neuen Errungenschaften, und neben mehrstimmigen Kirchenstücken finden wir bald eine ungeheure Masse von einstimmigen Motetten, Hymnen u. s. w., ebenso in nicht geringerer Zahl weltliche Sachen, Madrigale, Kanzonetten für eine oder auch mehrere Solostimmen mit „Begleitung der Orgel oder des Klaviers, der Laute oder anderer Instrumente", wie einer der fleissigsten Komponisten auf diesem

---

*) Ich kann nicht unterlassen, auf das vortreffliche Werk H. Goldschmidts hinzuweisen: „Studien zur Geschichte der ital. Oper im 17. Jahrh." Leipzig 1901.

Gebiete, Radesca da Foggia, auf dem Titel seiner Kanzonette e Madrigali bemerkt. In demselben Masse, wie der neue Stil in der Oper Fortschritte machte, werden auch diese Stücke naturgemäss vollkommener, ja nach einer Seite hin entwickeln sie sich in noch viel freierer Weise. Schon längst waren nämlich Versuche aufgetaucht, neben der Diatonik auch die Chromatik zu verwenden; bereits bei Orlandus Lassus, dem grossen Niederländer, bei Cyprian de Rore u. a. finden sich derartige Versuche, die aber nicht nur unbeholfen, sondern geradezu unschön sind und klingen. Erst der einfache Apparat, wie er in der neuen Form des melodischen Gesanges mit Begleitung vorlag, ermöglichte auch hier eine neue lebensfähige Inangriffnahme und Verwendung der Chromatik. Dadurch wird aber von selbst Gelegenheit zu reicherer modulatorischer Gestaltung gegeben. Bis zu welchem Grade der Vollkommenheit bereits Anfangs des 17. Jahrhunderts die Anwendung der Chromatik gediehen, ist kaum zu begreifen. Ich kenne ein dreistimmiges Salve Regina mit Begleitung der Orgel von Carlo Filago, „Organista della Serenissima Republica di Venetia in S. Marco",[30]) welches nicht nur an Schönheit und Wahrheit des Ausdrucks unübertrefflich ist, sondern auch die Chromatik in einer Weise anwendet, wie sie selbst in unserer Zeit kaum geschickter und wirkungsvoller irgendwo sich findet.

Dieser Stil drang sogar in die Kirche ein. Palestrina und seine grosse, erhabene Kunst erschien ja bereits längst vergessen. An ihre Stelle war zunächs die eines Benevoli und Genossen getreten, eine Kunst ohne Ideen, nur getragen von unbedeutenden kleinen, kurzatmigen Motiven, ein Seitenstück zur Architektur, wo ja auch die gewaltige Kunst eines Michel Angelo, dem aufgebauschten hohlen und nüchternen Barock eines Bernini weichen musste. Aber auch Benevoli wurde durch die neue Kunst verdrängt. Ob man das Missverhältnis nicht fühlte, welches darin lag, dass man diese — im Vergleich zu den Werken der Polyphonisten — doch kleine Kunst in die weiten Hallen der Dome einführte? Empfand man wirklich nicht, dass eine Kunst von der Subjektivität der neuen dem Wesen kirchlicher Kunst schnurstracks entgegen lief? Unbewusst mochte man es ahnen, das zeigt das Bestreben, solche Texte zur Komposition zu wählen, die sich in ihrem Empfindungsgehalt dem allgemein Menschlichen nähern. Kein Text aber kam dem mehr entgegen als der des „hohen Liedes" mit seiner glühenden Sinnlichkeit und seinen blühenden fantastischen Stimmungen; ihn finden wir daher in einer ganzen Reihe von Vertonungen.

Diese Formen nun entwickeln sich weiter und bilden den Uebergang und die Grundlage für eine neue Form, die Kantate, sowohl die kirchliche, die Cantata di chiesa, als auch die weltliche, Cantata di camera, die Kammerkantate, als deren glänzender Vertreter Carissimi gilt.

Die Kammerkantate, mit der wir es hier zu tun haben, unterscheidet sich von den obengenannten Gesängen, den Madrigali etc., durch ihren ausgesprochenen „dramatischen" Charakter. Können wir das Madrigal mit unserem Liede vergleichen, so entspricht die Kantate etwa unserer modernen „dramatischen Szene" für Sologesang und Begleitung. In Hinsicht der Behandlung der Kantilene, der kühnen Modulation, hat die Kantate den früheren Sologesängen gegenüber nichts eingebüsst, sie ist fast noch freier geworden. Ihr dramatischer Gehalt setzt sie in nahe Beziehung zur Oper, und Chrysander nennt sie daher ungemein treffend „Skizzen" und „Vorstudien" zu dieser. Das gilt sowohl von der Kantate für eine Singstimme mit Begleitung eines Instruments, als auch für die mit Begleitung des Orchesters, vorzüglich aber von jener Gattung für zwei oder drei Stimmen, der Serenata. Sie ist fast gleichbedeutend mit einer Opernszene, nur dass die einzelnen Stimmen keine Namen der handelnden Personen tragen. Gerade diese letztere Form der Kantate spielt in Händels Schaffen eine grosse Rolle und ist wichtig für das Verständnis vieler seiner späteren grossen Werke. —

In Florenz nun, dort, wo die Wiege der gesamten neuen Kunst gestanden, treffen wir im Januar 1707 unsern jugendlichen Meister. Die Empfehlungen des Prinzen Gasto öffneten ihm den Palast Pitti leicht. Waren auch damals die inneren Verhältnisse sowohl des Hofes, wie des Landes ziemlich morsche, nach aussen hin war davon nichts zu merken. Ja, je unerfreulicher die Staats- und Familienverhältnisse sich gestalteten, desto grösser wurde der Glanz und Aufwand des Hofes. Der regierende Herzog Cosimo III. schien eine wahre Sucht zu haben, nach aussen hin zu glänzen. Schon unter seinem Vorgänger, dem populären Herzog Ferdinand, waren die Theaterlustbarkeiten unter den höheren Ständen in Aufnahme gekommen und wurden mit seltener Leidenschaft gepflegt. Das blieb auch unter dem mehr pedantischen und frömmelnden Herzog Cosimo III., dessen Sohn, der Erbprinz Ferdinand, ein solcher Freund des Theaters war, dass der zu intime Verkehr mit den Schauspielern nicht ohne bösen Einfluss auf sein Leben geblieben ist.[81])

Während die Baukunst längst die edlen Formen der Renaissance in die des Barock übergeführt hatte, während die Skulptur sich bereits in jener dicken wulstigen Anlage der Gewandung gefällt, war die Musik, deren Renaissance allerdings fast ein Jahrhundert später begonnen, und besonders die Oper im Höhepunkte ihres Glanzes. — Somit kam Händel gerade zur rechten Zeit in Florenz an. Wie mochte er staunen über die Kunst, die ihm hier entgegentrat! Nicht nur, dass die Werke selbst, welche zur Darstellung auf der Bühne gelangten, in ihrer Art vollkommen und abgerundet zur Darstellung gelangten, hier fand Händel vor allem eine Gesangskunst, wie er sie so herrlich sich wohl kaum im Traume vorgestellt haben mochte. Anstrengungslos schienen die Töne aus der Kehle des Sängers hervorzuquellen, um mit unendlichem Wohllaut den Raum zu erfüllen; dabei stets edel und schön, mochten sie kosend von der Liebe Lust erzählen oder mit der Rachegeister Schrecken das Herz des Hörers zerreissen, mochten sie breit dahinströmen, uferlos dem Meere gleich, oder in sprühenden Kaskaden voll bunter Farbenpracht herabstürzen. O, welche Zaubermacht liegt doch in solchem Gesange! Das sind keine Töne mehr, es sind lebendige Wesen, welche das Herz bestricken, möchte es aufjauchzen möchte vor süsser Lust, weinen vor tiefem Schmerz, dass es vor allem sich begeistert emporschwingen möchte und aufraffen zu grossen und herrlichen Taten. Und zu grossen Taten fürwahr haben sie auch unsern Händel angespornt.

Warum war aber diese herrliche Kunst gerade in Italien zu solcher Vollendung gediehen? Das war kein Zufall. Man bedenke nur, wohin das Auge fiel, überall Schönheit der Form und Linien, überall ein Wetteifern im Verkörpern des Ideals der Schönheit in Dichtung und bildenden Künsten. War es da ein Wunder, wenn der Sinn für das Schöne gleich einer Blume sich allmählich von der Knospe zum üppigen Rosenkelche entwickelt hatte; war es ein Wunder, dass man den süssen Duft, der diesem Kelche immer reicher entströmte, die Musik, immer tiefer und voller einatmen und sich an ihm berauschen wollte, wie mit dionysischem Trank? — Aber nicht mühelos ist den Menschen ein solches Geschenk von Götterhand geworden. „Haben die Italiener", sagt Chrysander mit Recht, „von Palestrina bis Scarlatti in der Kunst des Gesanges mehr erreicht als ihre Nachbarn, so haben sie auch viel mehr gearbeitet." Der Sänger musste neben dem eigentlichen Gesange weit mehr als heute in musikalischen Dingen bewandert sein, vor allem in der Technik der Melodiebildung und der Harmonie. Der Komponist gab häufig nur die Umrisse einer melodischen Linie an, der Sänger musste sie erst zu dem machen, was sie sein sollte; der Komponist verlangte seine geistige Mitarbeit und liess ihm daher bedeutende Freiheiten betreffs Ausschmückung und Vortrag des Musikstückes[82]) Die Folge davon ist eine gesteigerte Wirkung auf den Zuhörer; denn das Stück wird nicht vom Sänger einfach notengetreu abgelesen, sondern jedesmal gleichsam neugeboren; es klingt, als ob es der Sänger improvisiere, infolge dessen ist die Wirkung eine viel unmittelbarere.

Am Hofe trat Händel zunächst als Klaviervirtuose auf und erntete als solcher grossen Beifall. Alsbald machte er sich aber auch an die Komposition und schrieb eine Reihe von Solokantaten, von denen „Lucrezia" am bekanntesten geworden.[83]) Es ist natürlich, dass diese Kantaten, mögen sie auch mit Begeisterung geschrieben sein, in Bezug auf die technische Behandlung der Singstimme noch keinen Fortschritt bedeuten können, dafür war Händel erst zu kurze Zeit in Florenz; aber in modulatorischer Hinsicht sind sie von solcher Kühnheit, dass sie Mattheson mehrmals als Muster zur Uebung empfiehlt. Auch eine grössere Komposition nahm Händel in Angriff, den Psalm „Dixit Dominus", der in Rom, wohin sich Händel im März 1707 begab, vollendet wurde.

Sicherlich waren es die ernsten feierlichen Zeremonien der Charwoche mit ihrer ergreifenden Musik, welche Händel so bald nach Rom zogen.

Schon damals lockte die heilige Feier Tausende nach St. Peter, und wie heute ging ein Schauer der Ergriffenheit durch aller Herzen, wenn nach jener Totenstille, die dem stillen Gebet geweiht, plötzlich unsichtbar leise die einfachen Klänge des Miserere von Allegri durch den weiten Dom schweben, oder bei den ernsten Zeremonien der Demütigung und der Kreuzanbetung der Chor Palestrinas „Popule meus", „Mein Volk, was hab' ich dir zu Leid getan", anstimmt. Das ist das Zwingende und Bannende bei den feierlichen Handlungen der katholischen Kirche, dass sie als Ganzes erscheinen; ein Faktor bedingt den andern, die Zeremonien die Musik und umgekehrt. Was uns heute als das Grundgesetz des musikalischen Dramas erscheint, die Gleichberechtigung von Handlung, Wort und Ton, hier ist es bereits vor Hunderten von Jahren Ereignis. Die Idee, dass der Gottesdienst, vor allem die Messe, ein Kunstwerk sein müsse, hat die katholische Kirche bis heute, wo es nur anging, treu befolgt.[84]) Nun denke man sich diese heiligen Zeremonien in einem Raume, der an erhabener Pracht seinesgleichen nicht hat auf der Welt, im Petersdom, wo

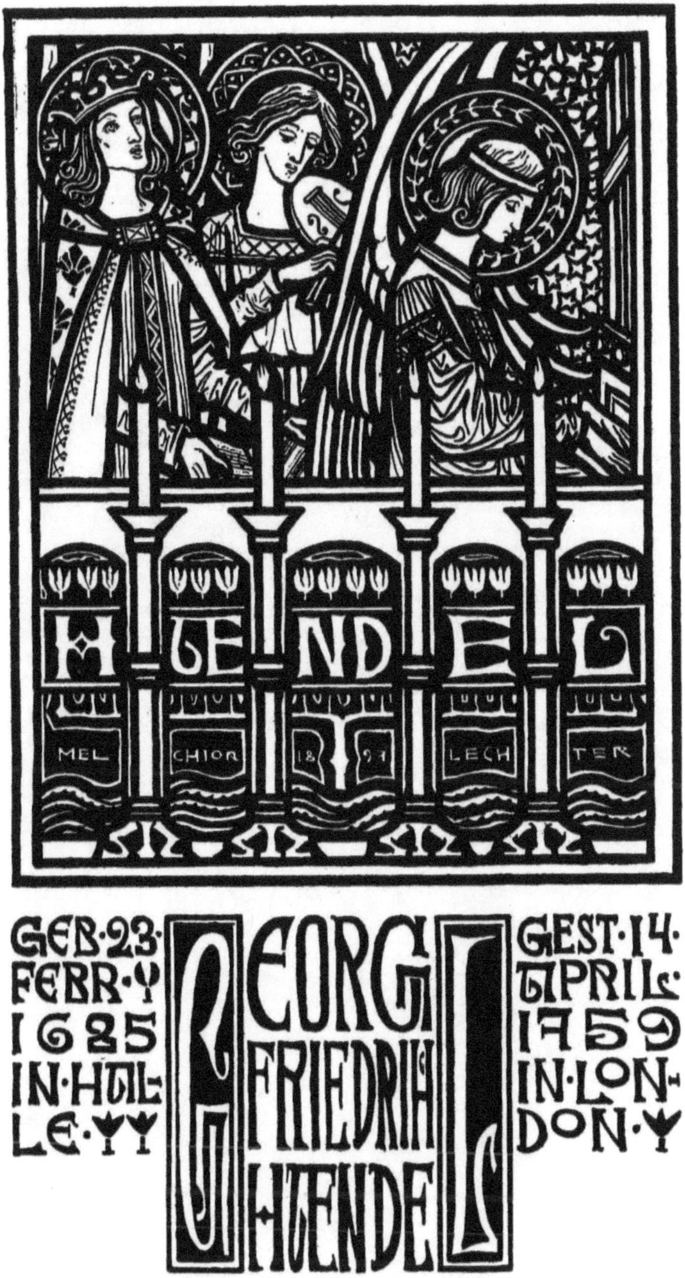

Vorlage a. d. musikhistor. Museum des Herrn Nic. Mannskopf.

aus jedem Steine uns der Geist eines Bramante, eines Michel Angelo anweht! Ob solches auf unsern Händel wohl eingewirkt hat? Sicherlich: Ich bin überzeugt, dass gerade Rom es gewesen, welches in ihm den Sinn für das urgewaltig Erhabene, das Gigantische bei herrlichstem Ebenmass der Verhältnisse aller einzelnen Glieder, wie es ausser ihm nur noch ein Michel Angelo in gleichem Masse besessen, geweckt hat. Allerdings hat es noch etliche Jahre gedauert, bis Händel nach dieser Seite hin in ganzer Herrlichkeit dasteht, bis er Dome erbaute, wie sie uns in dem Krönungs-Anthem „Zadock der Priester", dem Eingangschor zu Debora, im Israel u. s. w. erscheinen. —

Der Sinn für religiöse Musik gewann jetzt, wenn auch nur für eine kurze Zeit, die Oberhand bei ihm. Zunächst wurde der Psalm „Dixit Dominus" vollendet. Ihm liess Händel noch zwei Psalmen in Rom folgen, den 126. „Nisi Dominus" und den 112. „Laudate pueri Dominum"; letzterer trägt das Datum „1707 (d. 8. July) Roma".

Die Frage liegt nun nahe: Ist in diesen Psalmen bereits ein Einfluss der italienischen Musik bemerkbar? Man darf ruhig mit Nein antworten. Wohl aber spiegelt sich in vielen Teilen eine begeisterte, gehobene Stimmung wieder, wie sie die Folge der neuen Umgebung auf sein Gemüt war. Dessenungeachtet bieten diese Psalme, wie vorher die Passion, ein grosses Interesse für uns. Sie lassen uns erst den Entwicklungsgang des Meisters verstehen. Einer Reihe der erhabensten Schönheiten in seinen späteren Meisterwerken, hier begegnen wir ihnen in der Urform, und so erst wird uns offenbar, welch' ein Ringen notwendig war, um zu jener idealen Abklärung zu gelangen, welche den Meister nachher auszeichnet. Gleich das Vorspiel des Chores „Dixit Dominus" bietet ein Beispiel. Händel verwendet es später als Einleitung und Begleitung des Chores: „Seht, seht, wie der Uebermüt'ge naht", eines der herrlichsten Chöre aus Debora. Aber um wieviel zielbewusster und wirkungsvoller ist es in letzterem Werke gestaltet, wie sicher führt es in den Chor ein, und wie stimmungsvoll und einheitlich vermischt es sich mit den Gedanken des Chores. Noch zu einem andern Chor aus Debora liegt der Kern in diesem ersten Satze des Psalmes. Hier setzen nach einer kurzen Durchführung des Hauptmotives die Soprane mit einem kurzen Cantus firmus ein, der an die Melodie eines der uralten Psalmentöne, dieser Urelemente der Kunst, anklingt. In breiten Noten schreitet er dahin, während die übrigen drei Stimmen sich harmonisch vereinigen und den breiten Fluss des Cantus firmus, eines jener knappen und eindringlichen, dabei bewegten Motive entgegensetzen, welchen wir so häufig bei Händel begegnen, z. B. im Halleluja des Messias. Später übernehmen andere Stimmen den Cantus firmus:

Aus diesem ziemlich ausgesponnenen Satz bildet Händel in der Debora den Chor „Zu deinem Ruhm", dem er eines seiner unendlich erhabenen Graves vorausschickt. Eine Reihe von Details ist beiden Chören gemeinsam, ein Blick in die Partitur genügt aber, um sofort den gewaltigen Unterschied in der Gestaltungskraft und Reife zu erkennen. Auch in der Behandlung der Orchestermotive lässt sich ähnliches verfolgen. Es ist für Händels Schaffen (um das gleich hier zu erklären) äusserst charakteristisch, dass er Gedanken aus früheren Werken wieder aufgreift und in späteren neu bearbeitet, sie nach allen Richtungen ausbeutet und vertieft, andererseits aber auch ganze Stücke wörtlich aus einem Werke ins andere überträgt. Dass das keine Gedankenarmut ist, bedarf bei Händel nicht der Erwähnung. Der Grund ist ein viel tieferer. Händels Blick ist beim Schaffen stets auf das Ganze gerichtet. Die einzelnen Teile sollen sich niemals Selbstzweck sein, sondern nur in Beziehung auf das Ganze aufgefasst werden: Alles ist der Gesamtwirkung untergeordnet. Um dieses Hauptprinzip aller Kunst, besonders aber der dramatisch-oratorischen, durchzuführen, müssen alle Teile des Kunstwerks stets und nur mit Rücksicht auf dieses Prinzip gewählt werden. Da ist immer nur eine Frage entscheidend: Passt das einzufügende Stück hier; bringt es hier gerade die Wirkung hervor, welche es in bezug auf das Ganze hervorbringen soll? Tut es das, so ist es passend und muss eingefügt werden. Dabei ist es gleichgiltig, ob es vorher bereits in einem andern Werk in irgend einer Form auftritt. Ja, Händel geht darin noch weiter, er fürchtet sich nicht im geringsten, selbst Stücke aus Werken anderer Komponisten in seine eigenen aufzunehmen. z. B. im Israel, und zwar aus dem gleichen Grunde. Allerdings, was unter Händels Händen dann aus oft unbedeutenden Themen anderer entsteht, das ist derart, dass man nur immer von neuem staunen möchte.[85]) Hierin gleicht Händel Shakespeare. Auch diesem an Ideen überreichen Genie war es gleichgiltig, woher es Stoff und Motive zu seinen unsterblichen Werken nahm; auch ihm galt es nur, ob sie dazu dienen konnten, die Grundidee in ihrer Gesamtheit verkörpern zu helfen. — Wir werden noch reichlich Gelegenheit haben, das zu erkennen.

Noch eine typische Seite von Händels Schaffen beginnt von hier an immer deutlicher hervorzutreten: die stete Klarheit und Uebersichtlichkeit, die bei aller Einfachheit doch stets so interessante Art der rhythmischen Gliederung. Das weht einen an wie lauter Gesundheit. Diese Klarheit der Gliederung, den feinen Sinn für Schatten und Licht in rhythmischer Beziehung hat Händel ebenfalls nur mit den grossen italienischen Architekten, einem Bramante und Michel Angelo gemein. —

Bis in den Juli blieb Händel in Rom, dann aber zog es ihn zurück nach dem kühleren Florenz. Sein Zweck war ja, die Oper kennen zu lernen, und dazu taugte Florenz besser als Rom. Schon bei seinem ersten Aufenthalt hatte er die meisten Kräfte der Oper schätzen gelernt, wusste genau, worin jedes Einzelnen Stärke bestand, wusste, was man wagen konnte und vermeiden musste. Jetzt fühlte er sich stark genug, selbst diesen Kräften einmal eine Aufgabe zu stellen, und begann eine neue Oper zu schreiben, den „Rodrigo". Dieses Werk bildet die eigentliche Grenzscheide in Händels Schaffen. Es gegehört noch mehr der deutschen Periode an, als der italienischen, wenn auch bedeutende Fortschritte leicht zu erkennen sind. So ist vor allem das Rezitativ mit einer viel grösseren Sicherheit behandelt als früher; fast ebenmässig und glatt strömt die Rede dahin, wenn auch nicht durchweg vollendet. In den Arien bemerkt man bereits italienischen Einfluss, die Koloratur bekommt Fluss und Schwung. Das erkennt man am besten an den Stücken, welche Händel aus der Almira genommen und hierher versetzt hat, z. B. der ersten Arie in C-dur (Pugneram con noi le stelle), welche aus der Almira-Arie „Ob dein Mund wie Plutons Rachen" gebildet ist. Auch die Instrumentation zeigt einen Fortschritt, sie klingt voller und mächtiger als in Almira. Dasselbe zeigt sich in der Ouverture, welche den ersten Teil der Almira-Ouverture verwertet, den Satz aber sofort interessanter macht, dadurch vertieft, dass auch andere Stimmen als die erste Geige an dem thematischen Gehalt teilnehmen. Der feine Sinn für Klangwechsel tritt vor allem in der Sopran-Arie „Per dar pregio" hervor. Hier löst sich eine Sologeige und ein Solovioloncello von dem Ganzen los und treten in Gegensatz zum Orchester. Die Geige eilt in konzertanten Figuren bald allein dahin, bald beginnt sie einen Wettstreit mit der Singstimme, deren Koloraturen hier bereits vollendet schön sind. Im Rodrigo begegnen wir auch zuerst einer jener einfachen, aber dabei wunderbar lieblichen Melodien zu dem Liede: „Dolce Amor". Es ist eine von denen, die Händel selbst ungemein lieb gehabt haben

muss, denn sie findet sich in vielen seiner späteren Werke. Am schönsten erscheint sie unstreitig in der Oper „Agrippina" und interessiert hier noch besonders durch ihre Umbildung der Periode, die in der Agrippina fünftaktig ist, im Gegensatz zu Rodrigo, wo Händel die gewöhnliche viertaktige Periode durchführt. Gerade durch diese Umbildung erhält das Stück einen ganz eigenartigen Reiz, der noch dadurch erhöht wird, dass statt der zwei Sologeigen, welche im Rodrigo die einze'nen Perioden abwechselnd mit dem ganzen Orchester begleiten, Oboen und Violinen gemischt erscheinen. Man ist geneigt, solche einfachen

Weisen für Volksmelodien zu halten. Dass auch Händel aus dem nie versiegenden Born des Volksliedes geschöpft, werden wir noch mehr Gelegenheit haben zu sehen. Sicher aber hat keiner besser in der Seele des Volkes lesen können als er. Darum wirken auch alle seine Werke so unmittelbar auf jeden, den Künstler wie den Laien, den Fürsten wie den Bettler.

Die Oper ging in Szene und fand eine glänzende Aufnahme. Dieser Erfolg war umso wichtiger, als er Händel auch ausserhalb Florenz die Wege ebnete. Händel war nicht der Mann, der auf seinen Lorbeeren ausruhte, ihm galt der Erfolg nur als Ansporn zu neuen Taten. Und schon arbeiteten neue Ideen und Pläne in seinem Kopfe.

Nichts aber konnte für seinen Ruf nach aussen hin förderlicher sein, als ein Erfolg in Venedig. Nicht weniger als sechs Opernbühnen wetteiferten hier mit einander. Was in Venedig geschah, fand seinen Wiederhall in der ganzen Welt. Die Wichtigkeit und der Einfluss Venedigs auf dramatischen Gebiete brachten es ferner mit sich, dass stets eine Reihe vorzüglicher Künstler hier weilten. Männer wie A. Scarlatti, Ant. Lotti, Gasparini, Caldara, sie alle schrieben hier in edlem Wetteifer ihre bedeutendsten Werke. Bestand Händel hier die Probe, so war sein Ruf in ganz Italien und darüber hinaus gesichert.

Von Florenz aus hatte man alles getan, ihm die Wege in Venedig zu ebnen. Der Herzog hatte ihn reichlich mit den besten Empfehlungen versorgt und sogar die berühmte Sängerin **Vittoria Tesi** beurlaubt, um in Venedig in Händels neuer Oper mitwirken zu können. Diese Vittoria Tesi hatte auch im Rodrigo die Hauptpartie, den Rodrigo, gesungen und nicht wenig zum Erfolge beigetragen. Händel hatte ihr daher in seiner neuen Oper wieder die Hauptrolle zugedacht und diese ihrer Stimme durchaus angepasst. Die Stimme der Tesi wird uns als ein umfangreicher, kräftiger, dabei aber biegsamer Kontraalt geschildert, der besonders im getragenen Gesang von wunderbarer Wirkung war. Das befähigte sie besonders zur Darstellung von Männerrollen. Die Partie jugendlicher Helden wurde nämlich damals häufig für Alt geschrieben. Aber die Tesi war nicht nur eine tüchtige Sängerin, sie war auch ein herrliches, leidenschaftliches Weib. Viele Anekdoten erzählt die Fama von ihr. Auch unseres deutschen Meisters Herz soll sie bezaubert haben. Dass Vittoria in Liebe zu Händel entbrannt sein mochte, wäre an und für sich nicht merkwürdig, denn der stattliche Deutsche mit seiner hohen, breitschulterigen Gestalt, den grossen, ernsten, sinnenden Augen, dem energischen, stolzen Zug um den Mund, der aber häufig einem Lächeln weichen musste, „welches an den Eindruck erinnerte, den die Sonne ausübt, wenn sie plötzlich aus dunklen Wolken tritt,"[86]) hat sicherlich mehr als ein Mädchenherz höher schlagen gemacht. Aber der Dämon, der aus Vittorias Augen glühte, er prallte machtlos ab an Händels reinem Sinn. Wie Parsifal, der jugendliche Held, der „**reine Tor**", so wandelt er zwischen den Blumen voll verführerischen Giftes sicher und ruhig des Wegs. **Händels sittliche Grösse entspricht der Grösse seiner Kunst.**

Man erzählt, Händel habe sich, nachdem er in Venedig angekommen, erst nirgends gezeigt; niemand wusste um seine Anwesenheit. Es war aber gerade die Zeit des Karnevals und Maskenfeste an der Tagesordnung. Bei einem solchen Feste nun war auch Händel zugegen, wie alle mit Larve. Keiner der Anwesenden, unter denen sich auch die Notabeln der Kunst befanden, hatte eine Ahnung davon. Jetzt wird musiziert. Da setzt sich auch jener stattliche Unbekannte an den Flügel. Kaum hat er begonnen, da lauscht alles ahnungsvoll auf. Scarlatti aber bricht plötzlich in die Worte aus: „Das ist entweder der berühmte Sachse oder — der Teufel!" Mit Händels Incognito war es vorbei. Jetzt galt es zu zeigen, ob deutsche Art und deutsche Kraft auch hier in Venedig den Sieg erringen konnten. Eine neue Oper, **Agrippina**, war fertig. Das Theater des hl. Chrysostomus hatte sie zur Aufführung erhalten. Sicherlich wurde die Anziehungskraft auf das Publikum noch gesteigert durch die Nachricht, dass die berühmte Sängerin Tesi aus Florenz die Partie des Otto übernommen habe. Derselbe Schriftsteller, der uns Händels Ankunft in Venedig erzählt hat, **Mainwaring**,[87]) ein Zeitgenosse Händels, schildert uns den Eindruck, den das Werk machte, folgender Art: „Die Zuhörer bey der händelschen Vorstellung wurden dermassen bezaubert, dass ein Fremder aus der Art, mit welcher die Leute gerühret waren, sie alle miteinander für wahnwitzig gehalten haben würde. So oft eine kleine Pause vorfiel, schryen die Zuschauer: Viva il caro Sassone, es lebe der liebe Sachse! nebst anderen Ausdrückungen ihres Beyfalls, die so ausschweiffend waren, dass ich ihrer nicht gedenken mag. Jedermann war, durch die Grösse und Hoheit seines Stils, gleichsam vom Donner gerührt: Denn man hatte nimmer vorher alle Früchte der Harmonie und Melodie, in ihrer Anordnung, so nahe und so gewaltig miteinander verbunden gehöret.

Auch scheinet es, dass die Waldhörner, und andere Windinstrumente, die den Italienern wenig bekannt waren, bey dieser Gelegenheit eingeführet worden sind. Ich glaube, man habe sie dorten nimmer vorher, zur Begleitung der Singstimme, gehöret." Was Mainwaring hier erzählt, ist sicherlich alles richtig und begreiflich, wenn man nur einen Blick in die Partitur wirft. Nur ein kleiner Irrtum unterläuft ihm betreffs der Hörner. Diese hat er offenbar verwechselt mit den zwei Trompeten, welche Händel in dem prächtigen Ensemblesatz „Di timpani e trombe" anwendet. Hörner kommen in Agrippina nicht vor.

Unter den Zuhörern war auch der Prinz August von Hannover nebst seinem Gefolge von Hannoveranern und Engländern. Auch diese waren entzückt und begeistert. Am liebsten hätte der Prinz den so gefeierten jungen Meister sofort mit nach Hannover genommen. Ebenso drängten die Engländer in ihn, er möge doch London mit seiner Kunst beglücken. Händel aber lehnte beides für jetzt ab; zunächst wollte er das, was er sich vorgenommen, zu Ende führen; Italien bot ja noch so viele Schätze, die er zu heben gedachte.

Was nun die historische Oper dieser Zeit betrifft, so darf man dabei nicht an ein historisches Drama in unserem Sinne denken. Historisch sind eigentlich nur die Namen und hier und da eine allgemein bekannte Handlung. Das meiste ist Erdichtung und läuft auf eine Liebeskomödie voller Intriguen hinaus. So ist es auch hier. Agrippina will ihrem Sohne Nero den Thron sichern, da sie Claudius, ihren Gemahl, gestorben wähnt. Um die beiden einflussreichen Männer Pallante und Narcisso ihrer Idee dienstbar zu machen, umstrickt sie dieselben mit Liebesnetzen. Da erscheint plötzlich der todtgeglaubte Claudius mit seinem Lebensretter Ottone und beabsichtigt, diesen zum Mitregenten zu machen. Um diese Gefahr zu beseitigen, sucht nun Agrippina auch den Ottone mit Liebe zu bezaubern; Claudius verliebt sich unterdessen in die Poppea. So sind nun die Fäden der Liebeskomödie geknüpft, und munter geht es weiter in diesem Fahrwasser. Einen Vorteil aber bieter der Text dem Komponisten doch. Die einzelnen Figuren stehen sich in ihrer Art ziemlich klar gegenüber, und was dem Dichter nicht gelungen, das hat der Musiker hier erreicht, nämlich aus diesen Figuren ebenso viele, zum Teil scharf umrissene Charaktere zu schaffen.

Diese Gegensätze in der Charakteristik, wie sie in Agrippina und Poppea Claudius und Ottone, gegenüber den beiden Höflingen Pallante und Narcisso erscheinen, wirken auf das ganze Drama belebend.

In erster Linie fällt uns aber die Ueberfülle der blühenden Melodien auf, Melodien, die an Sangbarkeit keiner italienischen Arie nachzustehen brauchen, an Inhalt aber jene meist weit übertreffen. Eine der schönsten nannte ich schon; sie hat ein würdiges Seitenstück in der ersten Arie der Agrippina gefunden (L'alma mia) und ist auch äusserlich in der Begleitung durch das Gegenüberstellen von Soli und Tutti jener ähnlich gebildet. Auch dieses Stück hat Händel seitdem noch häufig verwandt, u. a. in Josua (Kämpft der Held, nach Ruhm begehrend). Eines der interessantesten Beispiele, wie Händel durch eigenartigen Rhythmus herrliche Wirkung erzeugt, ist die Arie der Poppea „Bel piacere". Hier wechseln $^3/_8$- und $^2/_4$-Takt mit einander ab und erzeugen damit eine Bewegung, wie sie kaum lieblicher sich denken lässt; ich möchte sie mit leise vom Winde hin- und herbewegten Blumen vergleichen. Dieser Eindruck wird noch gehoben durch die Art, wie die begleitenden Geigen sich der Sing-

stimme im Einklang anschmiegen. Noch einmal begegnen wir dieser Art der Unisonobegleitung in demselben Werke. Ueberhaupt zeigt sich in der Behandlung des Orchesters ein neuer Fortschritt, der sich sowohl in der reicheren Behandlung der Instrumente, als auch in dem feinfühligen Sinn für Verteilung von Licht und Schatten ausspricht. Auch an harmonischen Kühnheiten fehlt es nicht; so führt eine A-dur-Arie im Mittelsatz sogar nach Gis-moll und setzt dann wieder ohne Vermittlung in A-dur ein. Fassen wir den Eindruck zusammen, so ergibt sich, dass Händel, was die Erfindung und Bildung des Rezitativs und der Kantilene anbetrifft, zu einer absoluten Beherrschung derselben und hohen Meisterschaft gediehen ist. Nicht anders verhält es sich mit der Behandlung des Orchesters. Wohl findet sich in seinen späteren Opern noch eine Vertiefung und Steigerung des dramatischen Ausdrucks, besonders im Rezitativ-Ensemble; auch die Orchesterbehandlung wird reicher an motivischer Durcharbeitung und selbst an Klangfülle. Aber eines steht mit dieser Oper fest, die Lehrjahre sind vorüber, die Meisterprüfung ist mit Glanz bestanden, und als Meister zieht Händel jetzt von dannen und lenkt seinen Schritt zum zweiten Male nach der ewigen Roma.

Dem Meister öffnen sich in Rom freudig alle Tore, wo er anklopft. Der Marchese Ruspoli, einer der reichsten Fürsten Italiens, nimmt ihn in sein Haus auf und führt ihn in die Gesellschaft der Arcadier ein, welche in dem reizenden Garten Ruspolis am Monte Esquilino zusammenkam. 1690 war dieser Orden der „arkadischen Schäfer" von Gelehrten, Dichtern und Geistlichen gegründet worden. Alle Standesunterschiede sollten schwinden, man wollte zum Naturzustand zurückkehren, wollte alle Sorgen vergessen und durch die Pflege der Dichtkunst und Musik in diesen Stunden das goldene Zeitalter neu erstehen lassen. Lange Zeit hatten die Akademien oder Sitzungen auch am Hofe der Königin Christine von Schweden ihren Sitz, jener nordischen Fürstin, die ihre Krone preisgegeben, ihren Glauben gewechselt hatte, um frei zu sein. Sie hatte nach langer, mehr als hundertjähriger Frist wieder einen Musenhof eröffnet. Christine war für Rom ein glücklicher Zufall; sie empfing da geistige Anregung, aber sie brachte auch solche, und Dank ihrer Einwirkung war in der Tiberstadt wieder der volle Pulsschlag des italienischen Lebens zu fühlen.[38]) Lange allerdings hat diese Nachblüte nicht gehalten, schon 1781 (4. Januar) konnte Goethe schreiben: „Das Institut ist zu einer Armseligkeit zusammengeschwunden".[39])

Neben der Arkadia waren es aber vor allem die Akademien, welche der kunstliebende Cardinal Pietro Ottoboni in seinem Palast abhielt. Er war der Grossneffe des Papstes Alexander VIII. uud von diesem bereits als 23jähriger junger Mann zum Kardinal ernannt und mit den reichsten Pfründen ausgestattet worden. Seine Jahresrente belief sich auf 150000 Skudi. Noch grösser allerdings waren, als er starb, seine Schulden; man veranschlagte sie auf 1 Million.[40])

Verschwenderisch und prachtliebend, war er nicht minder edel und wohltätig. Einen grossen Teil seines Vermögens verwandte er aber zur Förderung der Kunst, besonders der Musik. Er unterhielt ein Orchester, an dessen Spitze kein Geringerer als Corelli, Italiens grösster Geiger, stand; waren Sänger notwendig, so stellte diese die päpstliche Kapelle. Zur Aufführung kamen Kantaten, Serenaten, Oratorien und Instrumentalwerke. Opern gab es damals keine in Rom, der Papst hatte sie seit einigen Jahren verboten.

Auch hier war Händel bald zu Hause und fand nicht nur neue Förderung und Anregung, sondern die glänzenden instrumentalen und vokalen Mittel standen ihm auch für seine eigenen Werke zur Verfügung. Besonders zur Erweiterung seines musikalischen Farbensinns ist diese Zeit für Händel bedeutungsvoll geworden. Wenn er auch früher schon beim Instrumentieren sich erfolgreich bemühte, nicht blosse Kohlezeichnungen zu liefern, sondern seine Instrumentalmelodien aus dem Klangcharakter des einzelnen Instruments heraus zu erfinden und demgemäss durchzuführen und so die Zeichnung durch die Farbe zu einem köstlichen Gemälde zu erheben, so hat er doch eigentlich hier erst unter dem Eindrucke dieses grossartigen Ensembles der vorzüglichsten Instrumentalisten diese Kunst zu höchster Meisterschaft gebracht. Zwei Werke, die er für die glänzenden Akademien Ottobonis schrieb, zeigen diese Vorzüge in hervorragendem Masse, das erste Werk zum Teil auf Kosten der übrigen Gestaltung.

Hier ist es an der Zeit, uns das Orchester der Italiener, welches auch das Händelsche ist, anzusehen. Es unterscheidet sich wesentlich von dem unserer Zeit.

Die Grundteilung der Streicher in 1. Violinen, 2. Violinen, Bratschen, Violoncelli und Kontrabässe ist auch hier massgebend. Diese Instrumente waren, wie heute, mehrfach besetzt und hiessen das Grosso. Die Anführer der beiden Geigen und der erste Violoncellist bildeten wieder für sich das Konzertino, dem die Solostellen zufallen und welches auch häufig, wie in den Concerti grossi, und ebenso in den beiden genannten Werken dem Grosso gegenüber treten. Zum Grosso gesellen sich zuweilen, z. B. in den Chören, den Ritornels und wo sonst der Komponist es verlangt, noch die Ripienisten, als Verstärkung der Streicher, hinzu. Von Blasinstrumenten fanden Verwendung am häufigsten Oboen und Fagotte, seltener die Flöten; ebenso Hörner, Trompeten und auch Pauken kommen vor. Sämtliche Blasinstrumente waren aber nicht, wie heute, nur durch je zwei oder drei vertreten, sondern stets in grösserer Zahl, besonders Oboen und Fagotte; sie bilden so einen eigenen Chor von grosser Klangfülle. Neben diesen Instrumenten ist dann stets das Cembalo (Klavier, meist sogar zwei) erforderlich, um die Harmonie anzugeben, auch die Klangfarbe zu verändern, oder Accente zu verschärfen. Am Flügel sass der Dirigent und leitete von hier aus die Aufführung. In den Oratorien tritt zu all diesem noch die Orgel, besonders bei den Chören, hinzu. Ebenso begegnen wir meist der Laute und selbst der Harfe im Orchester, ferner der Viola da Gamba und später sogar dem Kontrafagott und den Posaunen. Beifolgende Skizzen mögen einen Begriff von der Anordnung und Aufstellung der Instrumente in einem Opernorchester jener Zeit geben; sie zeigen die Anlage des Hamburger und Dresdener Orchesters.[41])

I. Hamburger Orchester.*)

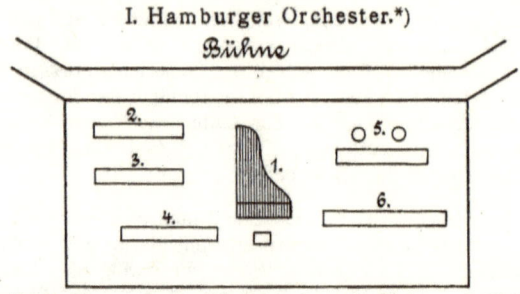

1. Klavier des Kapellmeisters, 2. erste Violinen, 3. zweite Violinen, 4. Violoncelli u. Bass, 5. Trompeten u. Pauken, 6. die übrigen Accordinstrumente, (Laute, Harfe) sowie Oboen u. Fagotte.

II. Dresdner Orchester.

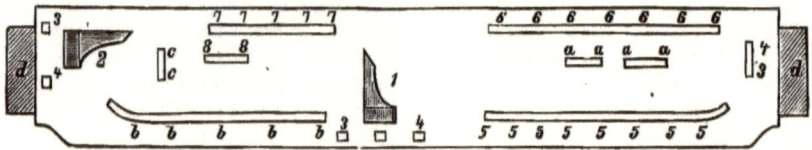

1. Klavier des Kapellmeisters, 2. Klavier des zweiten Accompagnisten, 3. Violoncelli, 4. Contrabässe, 5. erste Viol., 6. zweite Viol, 7. Oboen, 8. Flöten; a) Bratschen, b) Fagotts, c) Hörner, d) Trompeten und Pauken auf einer Tribüne. (Vgl. dazu d. Orchester-Aufstellungsplan vom Mainzer-Händelfest. Anh. II u. III.)

Es lässt sich denken, dass mit diesen Mitteln prächtige und in ihrer Art auch farbenprächtige Wirkungen sich erzielen liessen. Dass selbst für unsere verwöhnten Ohren dieser Klangzauber seine Wirkung nicht verfehlt, das haben die Festaufführungen Händel'scher Oratorien nach Chrysanders Bearbeitung mit dem Originalorchester in den Jahren 1895, 1897 und 1906 in Mainz bewiesen.

Das erste der beiden Werke, die Händel in Rom schrieb, war das zum Osterfeste komponierte Oratorium „Resurrezione", das zweite hiess „Trionfo del tempo e del disinganno": „Der Sieg der Zeit und Wahrheit." Letzteres, von dem Kardinal Panfili gedichtet, ist eine Allegorie, wie sie damals in Rom allgemein beliebt war. Beide Werke haben die Form der alten italienischen Oratorien, welche fast ganz der Oper gleicht, und sich von der späteren grossen Form des Händel-Oratoriums äusserlich durch den fast gänzlichen Mangel an Chören unterscheiden. Obgleich es beiden Werken nicht an prachtvollen Arien fehlt, so sind sie für die Entwicklung des Meisters, ausser in dem genannten instrumentalen Sinne, von keiner Bedeutung. Den „trionfo" hat Händel noch zweimal umgearbeitet, zuerst im Jahre 1717, dann kurz vor seinem Tode. Es war die letzte Arbeit des erblindeten Meisters.

In der Arkadia lernte Händel auch Alexander Scarlatti kennen und schloss mit dessen Sohne, dem berühmten Klavierspieler Domenico Scarlatti, einen dauernden Freundschaftsbund. Auch über einen musikalischen Wettstreit zwischen den beiden Freunden wird uns berichtet. Im Klavierspiel blieb es

---

*) aus: W. Kleefeld: „Das Orchester der ersten deutschen Oper. Inaug. Dissert. 1898.

unentschieden, wem man die Palme reichen sollte; aber Scarlatti war selbst der Erste, welcher Händel im Orgelspiel den Preis zuerkannte.

Auch die schönen römischen Tage neigten sich bald dem Ende zu. Mit schwerem Herzen gedachte Händel der nahen Abschiedsstunde von all den lieben und kunstbegeisterten Männern, und vielleicht auch — wenn wir dem findigen Forschergeist Chrysanders hier glauben dürfen — galt es sogar Fesseln zu sprengen, welche der holde Liebesgott ihm angelegt hatte. In der Abschiedskantate „Stelle, perfide stelle" scheint der junge Meister sich zu verraten.

Wahrscheinlich begleiteten ihn seine beiden Freunde, Al. und Dom. Scarlatti, als er nun die Schritte nach Süden zum sonnigen Neapel lenkte. Im Juli des Jahres 1709 kam er dort an. Wie in Rom, so ward Händel auch in Neapel bald in allen musikliebenden Kreisen der vornehmen Gesellschaft bekannt und mit Ehren überhäuft. Wie mag die herrliche Natur, der blaue Golf mit dem rauchenden Vesuv im Hintergrunde und über allem der ewig lachende Himmel ihn, den grossen Freund der Naturschönheit, ergriffen haben! Und wenn die Sonne hinab sich gesenkt und des Mondes silberne Lichter auf den Wellen tanzten und vom Meere her der leichte West leise und träumend den Gesang der Siciliana herüberwehte, da mag es auch über ihn seltsam gekommen sein, ein Gefühl, als ob man plötzlich aller Erdenschwere bar sei und traumverloren wohlig dahinschwebe in den Wellen des Lichts, gewiegt von den Tönen des Liedes. Nie schwindet mehr die Sehnsucht nach diesem Paradiese, stets klingt das alte Lied in uns, welches die Erinnerung wachruft: die Siciliana. Auch Händel hat sie nie verlassen, immer wieder tauchen die Bilder der herrlichen Stadt vor ihm auf, immer ertönt der alte Klang und singt ihm die Weise des Volksliedes vom blauen Golf. Er aber lauscht ihr willig und bannt den süssen Sang in seine Meisterwerke. Fast keines, in welchem nicht die Siciliana erscheint. Auch sieben französische Chansons, sowie eine Cantata spagnuola a voce sola e chitarra schrieb er in Neapel. Nur ein grösseres Werk haben wir aus dieser Zeit, eine Cantata a tre, das Schäferspiel: „Aci, Galatea e Polifemo". Mit trefflichem Humor ist hier Polifemo geschildert, der ungeschlachte Riese; und einen Stimmriesen verlangt auch diese Partie mit ihrem Umfang vom eingestrichenen a bis zum grossen D.

Das konnte wohl nur der Bassist Boschi singen, der auch in London später diesen Satz vortrug; für ihn hat Händel die Arie sicherlich geschrieben. Kleinere Kantaten hat Händel zweifellos viele in dieser Zeit gesetzt, darunter zwei sehr schöne dreistimmige.

Ueber ein Jahr blieb Händel in Neapel; erst im Herbst 1709 trat er die Rückreise an und gelangte über Rom zunächst nach Venedig. Er hatte im Sinne, möglichst bald nach London zu reisen. Doch es sollte anders kommen. In Venedig traf er den hannöverschen Kapellmeister Steffani und den Baron Kielmannsegge. Ersterem wurde sein Amt infolge diplomatischer Geschäfte, mit denen man ihn immer mehr betraute, zu mühsam, und er suchte einen tüchtigen Nachfolger. Ein Besserer als Händel liess sich nicht finden. So überredeten sie ihn, mit ihnen zu gehen, indem sie ihm die Vorteile schilderten, die ein Aufenthalt in Hannover, dessen Kurfürst ja einst den englischen Thron besteigen würde, in England für ihn haben würde. Händel war einverstanden und reiste mit. In Hannover angekommen, wurde er vom Kurfürsten zum Hofkapellmeister ernannt und ihm sofort ein Urlaub für eine Reise nach London bewilligt. Der Weg führte ihn zunächst nach Halle. Wie gross mag der Mutter Freude gewesen sein, als sie ihren gefeierten Liebling wieder in die Arme schliessen konnte, und wie mögen des alten Zachau Augen geleuchtet haben, als ihm sein ehemaliger Schüler, der berühmte Maestro, freundlich und bescheiden wie ehedem, die Hand bot! Von Halle ging es nach Düsseldorf. Hier stattete Händel dem Kurfürsten von der Pfalz, Johann Wilhelm, einen Besuch ab, den er ihm in Venedig hatte versprechen müssen. Von Düsseldorf fuhr er dann über Holland schnurstracks nach London.

IV.
HÄNDEL IN LONDON.

Wie ganz anders mag unserem Händel das nebelige, von den Wogen der wilden Nordsee umspülte Inselland vorgekommen sein, als jenes sonnige, ewig freudige Italien! Und erst die Menschen! In Italien eine Reihe von Fürstentümern und Grafschaften und ebenso viele Fürsten, geistliche und weltliche, welche ihren Hof zu einem Musenhofe schufen, und die kein anderes Streben kannten, keine andere Philosophie, als möglichst viel von dem süssesten Nektar zu naschen, der das Leben erst lebenswert macht, der Kunst. Wie trunken von Schönheit durchlebte das Land eine Zeit, deren Geist nur noch im alten Athen zu finden war. Und jeder, selbst der Gemeinste, konnte teilnehmen an dieser Schönheit; er brauchte nur die Augen zu erheben, und wo er hinschaute, traf er Werke der Kunst, die wie die Bäume aus dem heimischen Boden emporgesprosst. Anders in England. Statt vieler Teile ein einziges imponierendes Reich, und die Menschen durchdrungen von nationalem Stolz auf seine Grösse und seinen Reichtum. Auch eine grosse Zahl von Fürsten, die sich aber um einen Mittelpunkt, den König, gruppieren und neben ihm eine Macht bilden, die fast grösser ist als die des Königs selbst. Sie beherrschen das Volk.

Portrait Händels von Zink.

Dieser populäre Charakter der englischen Aristokratie datiert aus sehr früher Zeit und hat seinen Grund hauptsächlich in den Lebensnormen des Standes. In England sind die Interessen des Adels stets mit denen des Volkes unauflöslich verknüpft gewesen. Dabei war der englische Adel stets reich an Männern, die als Dichter, Historiker, Kunstkenner, Philologen in den exakten Wissenschaften eine grosse oder mindestens achtungswerte Höhe erreicht haben.[42] Nicht nur im politischen Leben war die Stellung des Adels ausschlaggebend; alle Verhältnisse und nicht zum wenigsten die Kunst standen vollständig unter ihrer Führung. Und in Kunstsachen erhielt das englische Volk von seiner Gentry weit gebieterischer und vertrauensvoller befolgte Signale, als je von der Loge Ludwigs XV. im Théatre français. Das werden wir auch bei Händel nur allzu deutlich sehen. Was diesen Leuten aber abgeht, ist das natürliche, sichere Gefühl im Beurteilen der Kunst und selbst im Geniessen. Ihr klarer, berechnender Verstand, ihr nüchterner, stets praktische Ziele ins Auge fassender Blick liess in ihnen nicht jene natürliche naive Sinnlichkeit aufkommen, wie sie die Italiener und ehedem sogar die Niederländer auszeichnete, und welche die Grundbedingung nicht nur für das Schaffen, sondern fast noch mehr für das wirkliche Geniessen des Kunstwerkes ist. Auch religiöse Strömungen, vor allem der Puritanismus, hatten stets lähmend auf die Kunst gewirkt, während der Kultus der katholischen Kirche nicht nur die Künste alle heranzog, sondern selbst schon ein Kunstwerk war.

England besitzt kein Volkslied.[43]) Wohl hat der Balladengesang bis ins 17. Jahrhundert geblüht, aber das eigentliche lyrische Volkslied, in dem sich des Volkes ganze Seele ausspricht, welches das Saatkorn ist, aus dem bei allen anderen Völkern der Wunderbaum ihrer nationalen Musik emporsteigt, hier ist es kaum erklungen. Und selbst die Taten seiner Helden zu besingen, hat Alt-England einst fremden Sängern, französischen Minstrels, überlassen; auf französische Melodien erklang der Heldengesang. Unter französischem Einfluss stand nachher auch die Instrumentalmusik. Die Oper war, als Händel ankam, bereits den Italienern überantwortet. — Und doch hat England auch in der Musik eigene grosse Zeiten gehabt. Einmal zur Zeit der grossen Mensuralisten des 16. Jahrhunderts. Nicht nur Kirchenstücke von hoher Bedeutung stammen aus dieser Zeit, sondern vor allem jene lieblichen, blühenden und dabei volkstümlichen englischen Madrigale.[44]) Das war aber auch die Zeit, in der England einen Shakespeare und einen Milton hervorbringen konnte. Damals hätte die Musik vielleicht dauernd eine nationale werden können, aber sie drang nicht tief genug in die Schichten des Volkes, um hier befruchtend wirken zu können. — Und noch einmal schien es, als ob England die Kraft besitze, eine eigene, nationale Musik begründen zu können: kurz vor Händels Zeit. Dieser Aufschwung knüpft sich an den Namen Purcell (1685—95). Auch er betonte das volkstümliche Element und stellte es dem eingedrungenen italienischen und französischen Geschmack entgegen. In seinen Operntexten griff er zum Besten, was er nur hatte finden können, zu Shakespeare, und plünderte dessen Werke, wie man in Deutschland die Bibel auszog für die Komödie. Er starb jedoch zu früh, hat auch nicht die Energie besessen, in der Oper entscheidend zu wirken.[45]) Besonders interessiert an seinen von echt dramatischem Geiste belebten Werken die Verschmelzung von Chor und Solo, die bis dahin in dieser Art noch unbekannt war.[46]) Wenige Jahre nach seinem Tode sehen wir die Oper bereits vollständig in den Händen der Italiener. Von allen Seiten strömen sie in das neue „Goldland". Die grossen Siege, die England durch Marlborough über die Franzosen erfocht, und die Aussicht auf nahen glänzenden Frieden scheint allgemein bereits eine gehobene Stimmung hervorgerufen zu haben, die wiederum viel Luft machte in Vergnügungen, unter denen das Theater obenan stand. Händel hätte keinen günstigeren Zeitpunkt wählen können. — Zwei Theater sorgten damals in London vornehmlich für das opernlüsterne Publikum. Das eine Haus war das 1704/5 erbaute Theater am Heumarkt, King's (unter der Königin Anna Queen's) Theater ge-

HÄNDEL UND GEORG I. KÖNIG VON ENGLAND.

Nach einem Kupferstiche im Verlage von J. Bulla, Paris.

G. Fr. Händel, „Berühmte Musiker". Band II. 2. Auflage.

Lichtdruck von W. Neumann & Co., Berlin SW. 42.

nannt, das Hauptquartier der italienischen Oper. Für dieses Theater schrieb nachher Händel seine schönsten Werke. Das Haus war unter Beihilfe von dreissig Adeligen erstanden. Einen Zuschuss vom Hofe erhielt es nicht, ausser dass die Königin ihre Loge bezahlte. Es war also ein privates Unternehmen, an dessen Spitze ein Direktor stand, bei Händels Ankunft Aaron Hill. Das andere Operntheater war das Drury-Lane Theater, 1674 mit einem Prolog von Dryden neu eröffnet. Das übrige Musikleben beschränkte sich mehr auf bestimmte Kreise Der Hof hatte schon seit Charles II. eine eigene Hofmusik, die nach dem Muster Ludwigs XIV. eingerichtet war und aus 24 Musikern bestand. Zum Hofe gehörte auch der königliche Kirchenchor, Männer und Knaben, welch letztere früher sogar auf der Bühne mitwirken durften, bis es die Königin Anna verbot.

Wichtiger waren für das Musikleben die musikalischen Gesellschaften, von denen es, als Händel in London ankam, drei gab, deren Zahl aber bald sich noch vergrösserte. Die älteste war die St. Cecilian Society. Am Cäcilientage des Jahres 1683 veranstaltete sie die erste grosse öffentliche Feier, wozu Purcell drei Oden und 1694 sein berühmtes Te Deum und Jubilate schrieb, dasselbe, welches Händel sich nachher beim Utrechter Te Deum (1713) zum Muster nahm. 1697 dichtete der 67jährige Dryden seine berühmte Ode für das Cäcilien-Fest: „Das Alexander-Fest oder die Macht der Musik." Zweimal war sie komponiert, von Clarke und Clayton, und zwar herzlich schlecht, bis sich nachher Händel ihrer annahm und daraus eines seiner herrlichsten Werke schuf. Wenn auch die Gesellschaft 1703 aufgelöst wurde, so lebte sie doch zeitweilig wieder auf, und noch oft wurde das Cäcilienfest durch neue Oden gefeiert.

Eine andere Gesellschaft war „The Corporation of the Sons of the Clergy" zur Unterstützung armer Predigersöhne. Aber erst 1709 wurde ihr Jahresfest durch ein Konzert gefeiert. Auch diese Gesellschaft hat nachher eine Reihe Händelscher Werke aufgeführt, so z. B. 1714 auf Befehl der Königin das Utrechter Te Deum. — Im Jahre 1710, also in demselben Jahre, in welchem Händel im Spätherbst[47]) in London ankam, war eine neue Gesellschaft „The Academy of ancient Music" von einer Anzahl Dilettanten und einigen der damals bedeutendsten Musiker gegründet worden mit dem Zweck, der hereinbrechenden modernen Musik einen Damm entgegenzusetzen An der Spitze stand Dr. J. C Pepusch, dem wir noch beggnen werden. Ihr Repertoir bestand neben Werken der grossen Italiener, wie Palestrina, Vittoria, auch aus denen der Engländer Purcell, Morley, Byrd u. a. Diese Gesellschaft führte 1732 das erste Oratorium Händels, Esther, auf.

Selbst öffentliche Konzerte fehlten in London nicht. Der erste, der sie einführte, war Banister, der erste Kapellmeister des Königs Charles II. Das war in den 70er Jahren des 17. Jahrhunderts. Die Musiker spielten verschämt hinter einem Vorhange in einer erhöhten Loge. Der Eintrittspreis betrug einen Shilling, der Anfang war 4 Uhr. Banister starb 1779.

Im Jahre vorher hatte der originelle John Britton ein ähnliches Unternehmen begonnen. Er war eigentlich Kohlenhändler, und tagsüber sah man ihn in den Strassen seine Kohlen verkaufen; nebenher kaufte er auch Bücher, Musikalien und Instrumente auf. Der Abend gehörte der Pflege der Kunst, die er eifrigst selbst betrieb. Dieser Mann richtete über dem Kohlenlager einen Musiksaal ein, in welchem 36 Jahre lang bis zu seinem Tode jeden Donnerstag Konzerte stattfanden. Fast kein Künstler von Bedeutung, der hier nicht auftrat;

auch Händel begegnen wir häufig hier. Der jährliche Subskriptionspreis samt Kaffee „at a penny a dish" betrug 10 Shilling.

Von nicht zu unterschätzender Bedeutung für die Musik waren auch die Volksgärten, besonders Vauxhall Garden, an der Themse. Hier verkehrte die gesamte vornehme Welt. In dem eleganten Musiksaal stand eine Orgel und fanden stets vorzügliche Vokal- und Instrumental-Konzerte statt. Auch Händel hat für dieses Orchester ein Stück besonders komponiert. 1738 wurde hier Roubilliacs erste Händel-Statue errichtet.[48])

Wie seiner Zeit in Florenz, so führte sich Händel auch in London zuerst als Klavier- und Orgelspieler ein. Sein Spiel war derartig, dass es den Ruf, der ihm vorausging, weit übertraf. Die Königin Anna, selbst eine begeisterte Liebhaberin des Klavierspiels, lud ihn zu sich an den Hof und war so entzückt von Händels herrlicher Kunst, dass sie ihn mit Beifall und Gnadenbeweisen überhäufte. Aber auch die grossen Erfolge, die Händel als Opernkomponist in Italien errungen, waren in London längst bekannt geworden. Kaum erfährt man, dass der Maestro angekommen, da wird er gedrängt, auch für London eine Oper zu schreiben. Der Theaterdirektor vom Haymarket Theatre, Aaron Hill, hatte sofort einen Stoff bereit; es war die Liebesgeschichte des Rinaldo und der Armida aus Tassos befreitem Jerusalem, dieselbe Fabel, die später Gluck seiner Armida unterlegte. Händel übernahm die Komposition und ging mit solchem Feuereifer ans Werk, dass Rossi, der den Entwurf in italienische Verse brachte, nicht schnell genug arbeiten konnte, um mit Händel stand zu halten. In 14 Tagen war das Werk vollendet. Am 24. Februar 1711 fand die erste, glänzend ausgestattete Aufführung statt. Der Erfolg war ein unerhört grosser und eine Reihe der schönsten Arien war bald Gemeingut aller musikalisch Gebildeten. Der Verleger Walsh soll mit einzelnen Arien gegen 10000 Taler verdient haben, so dass Händel ihm daraufhin im Scherz den Vorschlag gemacht haben soll, mit ihm zu tauschen und die Rollen zu wechseln. Diese im italienischen Stil geschriebene Oper brachte es zu Wege, dass der Anlauf, den die englische Oper besonders durch Purcell genommen, vollständig verschwand. Vom Rinaldo an datiert die unbeschränkte Herrschaft der italienischen Oper in London.

Was den Text betrifft, so hat dieser den Vorzug vor den früheren, dass er sich auf ein Meisterwerk Tassos stützt, aus dem dramatischen Leben zu schöpfen ist; und wenn er auch äusserlich nicht viel besser erscheint, als andere italienische Libretti, der Stoff an und für sich bietet doch eine Reihe von Szenen, welche Händel Gelegenheit gaben, seine dramatische Schlagfertigkeit zu beweisen, so z. B. die Arie der Armida: „Ah crudele", mit ihrer interessanten Begleitung. Ebenbürtig zur Seite steht diesem Stück Rinaldos Arie „Cara sposa". Von tiefster Liebessehnsucht durchglüht, wie der klagende Ruf der Nachtigall, quillt der Gesang immer wärmer und wärmer, immer heftiger hervor. Zu diesen nehme man noch das kräftige, von Steichern unisono begleitete „Il Tricerbo", das leicht bewegte, flüsternde Sirenenlied und vor allem das unvergleichliche „Lascia ch'io pianga", ein Stück, welches ja auch heute noch zu den bekanntesten der Oper gehört. Auch an Stimmungsbildern fehlt es nicht. Die Gartenszene mit dem lieblichen Gesang der Nachtigallen (zwei grosse Flöten und Piccoloflöte) ist ein Meisterstück und hat nur noch ihresgleichen bei Händel selbst, in seinem L'Allegro ed il Pensieroso. Die Arie „Or la tromba" und die folgende Battaglia mit ihren vier Trompeten, der sieghafte Ton des Schlussensembles sind von Heldenglanz durchglüht. In zwei Nummern greift Händel auf Almira zurück, dem „Lascia ch'io pianga", welches er aus einer einfachen Sarabande gestaltet, und der Arie „Combatti" der Almirena.

Mit der entzückenden Melodie der Arie „L'alma mia" aus „Agrippina" ist Armida's „Molto voglio" verwandt.

Mit Ablauf des Urlaubs kehrte Händel nach Hannover zurück. Da es Sommer war, hatte die Oper Ferien und Händel somit keine direkte Gelegenheit, für die Bühne zu arbeiten. Händel aber ist, wie wir besonders beim Oratorium sehen werden, ein Gelegenheitskomponist, seine grösseren Werke sind sämtlich Gelegenheitskompositionen. Es ist von der grössten Wichtigkeit, diesen Gesichtspunkt stets im Auge zu behalten, denn nur so werden wir einen klaren Blick für die Beurteilung und vor allem für die Bearbeitung seiner Werke erhalten können. Da also für die Oper keine Gelegenheit vorlag, so benutzte er die Zeit zu Kompositionen in der kleineren Form der Kammermusik. Sicher in diese Zeit fallen zehn Kammerduette. Die zum Teil reizenden kurzen Liebesgedichte haben den Abbate Ortensio Mauro zum Verfasser. Nach Art der Steffanischen Duette komponiert, sind sie in der Melodik von meist bestrickendem Wohllaut, dabei in der Anlage ziemlich breit und wenden reichlich Satz- und Wortwiederholungen an. Wüsste man nicht, dass Händel der Verfasser wäre, man würde sicher auf einen der bedeutendsten Italiener raten, ob der Süssigkeit des Stils. Diese Duette verhalten sich zu seinen grossen Schöpfungen wie etwa Shakespeares Sonette zu seinen gewaltigen Dramen. Hier wie dort dieselbe weiche, in süssem Schwelgen sich vergessende Art der Liebespoesie, und auf der anderen Seite jene ernsten Riesenwerke; hier ein lieblicher Garten voll üppig duftender Blumen, dort eine Alpenlandschaft mit gigantischen Formen. Glücklicherweise hat Chrysander anders gedacht, indem er diese Werke veröffentlichte, als einst Steevens bei der Herausgabe der Werke Shakespeares 1766. Die Sonette druckte derselbe nicht mit, „denn", meinte er, „die strengste Parlamentsakte möchte nicht imstande sein, diesen Gedichten einen Leserkreis zu verschaffen".

Ausser diesen Duetten schrieb Händel noch neun deutsche Lieder mit Instrumentalbegleitung (Klavier und Violine oder Oboe). Das Orchester in Hannover wird uns als ausgezeichnet geschildert; als besonders vorzüglich die Oboebläser. Das genügte, um unsern Händel zu veranlassen, für dieses Ensemble Werke zu schreiben, in denen die Oboe eine Hauptrolle spielt. Von den berühmten Concerti grossi für Streicher und Oboe lässt sich jedoch nur eines bestimmt in diese Zeit setzen.[49] —

Im Herbste unternahm Händel eine Reise nach Halle und vertrat die Patenstelle bei der Taufe seiner Nichte Johanna Friederike Michaelsen.

Schon im folgenden Jahre sehen wir ihn wieder in London. Am 22. November wurde dort eine neue Oper von ihm: „Pastor Fido" aufgeführt. Die Hast, mit der das Werk geschrieben, mag der Grund sein, dass das Ganze an Einheitlichkeit der Anlage und Grösse des Stils hinter Rinaldo zurücksteht, nicht aber an Schönheit der Gesänge, welche allerdings zum Teil aus früheren Werken entlehnt sind. Dass der Erfolg kein bedeutender war, kümmerte Händel wenig. Sofort begann er eine neue Oper, den „Teseo", die bereits am 19. Dezember zur Aufführung kam.

Was mich am meisten in diesem Werke interessiert, ist die Gestalt der Medea. Hier zeigt sich uns zum ersten Male ein Zug des Händelschen Schaffens, der zu seinen genialsten gehört und uns wieder zwingt, den Meister in Parallele zu Shakespeare zu setzen. Wer hat sich bei der Wiedergabe von Handlungen und Personen aus dem klassischen Altertum wohl weniger darum gekümmert, ob er diese der Wirklichkeit nachschrieb, als der grosse Dichter? Seine Helden und Heldinnen sind ebensowenig wirkliche Abbilder, wie etwa die Apostel auf Leonardos Abendmahl mit den wirklichen Gestalten der Apostel etwas zu tun haben. Und trotzdem, wer hätte uns den Geist des klassischen Altertums in seiner ganzen Wahrheit und Schönheit herrlicher empfinden lassen, als Shakespeare; wer die ergreifende Szene der Abendmahls-Einsetzung wahrer geschildert als Leonardo da Vinci? Gerade dadurch, dass sie uns durch die Brille ihrer Zeit rückwärts schauen lassen, führen sie uns die Gestalten näher und lassen sie uns als wirkliche Menschen von Fleisch und Bein empfinden, warmblütig und mit Tugenden und Fehlern begabt. Goethes Iphigenie gleicht, da der Dichter den umgekehrten Weg einschlägt, einer wunderbar schönen, edel geformten Statue voll klassischer Schönheit, wie sie ein Phidias nicht herrlicher in Marmor bilden konnte; Shakespeares Helden, ein Troilus, Theseus, eine Cressida, sind lebendige Menschen, aber die Luft, die sie umgibt und die uns der Dichter atmen lässt, ist eine echt klassische. Händel gleicht Shakespeare. Sein Herakles ist in dieser Beziehung sein grösstes Meisterwerk. Eine Dejanira, wie sie Händel geschaffen, hätte nur noch einem Aeschylos gelingen können. Nicht in dem sklavischen Nachbilden des Aeusserlichen, Sichtbaren beruht hier der Wert der Kunst, sondern in der lebendigen Wiedergabe des Geistes einer Zeitepoche. Darum ist z. B. ein Shakespearescher Sommernachtstraum, ein Händelscher Herakles oder Acis und Galatea unendlich mehr ein echt griechisches Stück, als alle die Werke Späterer, welche meinen, in der photographisch treuen Wiedergabe des Sinnfälligen läge das Geheimnis der Kunst. Die Medea in Teseo atmet bereits diesen Geist. Sie ist gewissermassen eine Vorstudie zu jener gewaltigen Gestalt der Dejanira; der Rahmen ist allerdings enger begrenzt, die Darstellung ohne die gewaltige Kühnheit, und doch tritt das Bild bereits scharf in seiner tragischen Grösse und klassischen Ruhe, der einfachen Schönheit der Linien aus dem Rahmen des Ganzen. Vor allem in den beiden Rezitativen mit Begleitung: „Ira, sdegni e furore" und „Ombre, ombre sortite dall' eterna notte!" Das erstere Rezitativ gibt mir Veranlassung, noch eine zweite Seite der Kunst Händels zu berühren. Auf dem Worte „furore" befindet sich eine energisch abwärtsstrebende Koloratur.

Man steht in unserer Zeit dem Koloraturgesang fast feindlich gegenüber; mit Unrecht. Allerdings, wenn die Koloratur nur dazu dient, dem Sänger Gelegenheit zu virtuoser Betätigung zu geben, ist sie zu verwerfen; aber die Koloratur kann einen viel höheren Zweck haben, sie kann ein künstlerisches Darstellungsmittel sein. So tritt sie bereits im Gregorianischen Gesang auf, um dem Jubel Ausdruck zu geben, um irgend ein Wort hervorzuhehen, oder malerisch ein Wort oder einen Gedanken auszuschmücken. In diesem Sinne hat sie auch Händel in den meisten Fällen angewandt. Die wilde Wut „furore" lässt sich nicht besser ausdrücken, als durch diese charakteristische Figur. Dabei ist allerdings vorauszusetzen, dass der Sänger die Fähigkeit besitzt, die jeweilige Stimmung scharf zu erfassen, die technische Schulung, welche alle Schwierigkeiten spielend überwindet, vor allem das Vermögen, diese Faktoren zu vereinigen und durch die Koloratur die gewollte Stimmung wiederzugeben. Ob unsere Gesangskunst wohl je diese Stufe des Könnens wieder erreichen wird? —

Im Theseus fällt auch die merkwürdig reiche und oft virtuos gestaltete Verwendung der Oboe und der Bläser überhaupt auf. Das ist der sicherste Beweis, dass das Opernorchester über vorzügliche Bläser verfügte, denn wie Händel bei seinen Vokalpartien fast immer an bestimmte Sänger dachte, so passte er auch die Instrumentalstimmen dem Können seiner Musiker an. —

Wärend man in London Theater spielte und für italienische Sänger schwärmte, neigte sich auf dem Welttheater auch ein Drama dem Ende zu, ein Drama, welches seit 1701 spielte, der spanische Erbfolgekrieg. Das entsetzliche Gemetzel bei der Einnahme Barcelonas bildete die Schlussszene dieses schrecklichen Stückes. In Utrecht wurde der Friede aufgesetzt, und in London rüstete man zu einer grossen kirchlichen Friedensfeier. — Händel hatte das alles kommen sehen und bereits seinen Plan gemacht. Eine Feier, die für die Königin, der ganze Hof, die gesamte Aristokratie, kurz „ganz London" anwohnen musste, war für ihn eine Gelegenheit, sich auch als Kirchenkomponist zu zeigen, wie sie so bald nicht wieder kommen würde. Es war aber Vorschrift, dass zu solchem Anlass kein Ausländer die Musik schreiben durfte. Doch Händel rechnete auf die Gunst der Königin und suchte sich diese dadurch noch mehr zu gewinnen, dass er zu ihrem Geburtstage eine Ode schrieb. Die Rechnung war keine falsche. Bei der Friedensfeier wurden auf Befehl der Königin zwei Werke Händels gesungen, ein „Te Deum" (nach der Gelegenheit „Utrechter Te Deum" genannt) und ein „Jubilate".

Es wäre merkwürdig, wenn der Aufenthalt in Italien, besonders in Venedig und Rom, nicht auch in Beziehung auf Händels Kirchenmusik von Einfluss gewesen wäre. Allerdings, Händel wäre nie imstande gewesen, ein Nachahmer Gabrielis oder Palestrinas zu werden, dazu war er eine viel zu stark ausgeprägte Individualität; das wäre ebenso unmöglich gewesen, als es für Händels Charakter undenkbar war, dass der Spenersche Pietismus, der sowohl in Halle als Hamburg das öffentliche Leben durchzog, auf seine Musik einen Einfluss haben konnte. Was er aber von den grossen Italienern der Kirchenmusik lernte, das war, was jene Kunst auszeichnete, Ebenmass aller Glieder, plastische Verhältnisse nicht nur im Aufbau, sondern auch zwischen Kunstwerk und Aufführungsraum, das Festhalten ferner einer erhabenen, kirchlichen Grundstimmung, bei reichster, aber symmetrischer Entfaltung der Gegensätze. Das alles beweisen die beiden Werke aufs treffendste.

Die kirchliche Stimmung, die noch mehr betont wird durch breite Intonationen, von denen die eine, im Te Deum, eine uralte Psalmenintonation ist, keine Ueberladung mit Details, der Gesamtwirkung im grossen Raume schadend, Klarheit der Gliederung, Abwechslung nicht nur durch innere Mittel, wie Rhythmus, thematische Bildung und Tempo, sondern auch durch Vermehrung der Singstimmen in einzelnan Chorsätzen, Mischung von zwei Chören mit verschiedener Stimmenbesetzung, an die Art Gabrielis erinnernd, eine gegen den Schluss stetig anwachsende, naturgemässe Steigerung, — das sind die Eigenschaften, welche uns in beiden Werken entgegentreten. Zusammengenommen erzeugen sie eine Grundstimmung, die erhaben und kirchlich ist, wenn wir unter letzterem Worte nicht das Konfessionelle verstehen, sondern nur die feierliche, würdige Stimmung, wie sie in das Haus Gottes gehört.

Kirchliche Musik hat Händel stets geschrieben, so oft er kirchliche Texte komponierte, konfessionelle niemals.

In der äusseren Anlage hat Purcells Te Deum Händel zum Muster gedient.

Wir haben Händel jetzt von zwei Seiten kennen gelernt, als Dramatiker — und da ist er der grösste seiner Zeit — und als Darsteller des kirchlich Erhabenen; — auch hierin hat er keinen gefunden, der es ihm gleich tun konnte. — In dem Moment aber, in dem er für diese beiden Seiten seines Könnens einen Weg der innigsten Vereinigung fand, wie ihn das Oratorium nachher bietet, da erreichte er das Höchste. Wir stehen bereits dicht vor dem Augenblick, in welchem Händel diesen letzten gewaltigen Schritt in seiner Kunst tut. Vorher aber müssen wir noch einiger wichtiger Lebensumstände des Meisters gedenken.

Der Verkehr, den ein Mensch mit andern pflegt, Freundschaften und Bekanntschaften sind für seine Charakterbildung stets von Bedeutung. Händel war trotz seines ernsten Aussehens ein gern gesehener Gesellschafter, der sogar witzig und humorvoll sein konnte. Dass er mit seinen Fachgenossen in stetem Verkehr stand und regen Anteil an allen musikalischen Ereignissen nahm, ist bei seinem Charakter natürlich, und so sehen wir ihn denn auch häufig als Mitwirkenden in den Konzerten des musikalischen Kohlenmannes Britton.[80]) Aber der allseitige Geist eines Händel hätte in dem einseitigen Verkehr mit Fachgenossen allein niemals Genüge finden können, er bedurfte des geistigen Austausches auch mit interessanten geistvollen Menschen anderer Stände. Hieran hat London nie Mangel gehabt. Zu solchem Verkehr bot ihm das Haus seines Gastfreundes, des Lord Burlington, ausgiebigste Gelegenheit. In diesem Hause trafen sich die bedeutendsten Geister ihrer Zeit, wie das Dichterkleeblatt, der Sprachbeherrscher Pope, der liebenswürdige Gay, der stolze und boshafte Swift und der mit diesem eng verbundene musikalische Arzt Dr. Arbuthnot, mit welch letzterem Händel stets in besonderer Freundschaft zu verkehren pflegte. — Am Hofe war Händel bei der Königin in ganz besonderer Gunst, für die Musik zur Friedensfeier hatte sie ihm ein Jahresgehalt von 200 Pounds ausgesetzt. Der grosse weltstädtische Zug, der das Londoner Leben bei allem Parteigetriebe auszeichnete, mochte ebenfalls einer Natur, wie die Händels war, gerade passen. Kurzum, sein Leben hatte sich in London so nach seinem Geschmack gestaltet, dass er es um keinen Preis mehr mit dem in einer anderen Stadt hätte vertauschen mögen. Der Urlaub war bereits verstrichen, aber Händel dachte nicht daran, nach Hannover zurückzukehren. Das war sehr unüberlegt gehandelt. Der offenbare Kontraktbruch sollte ihm bald viel zu schaffen machen.

Im August 1717 starb die Königin Anna, und den englischen Thron bestieg gerade jener Fürst, gegen den Händel sich so versündigt hatte, der Kurfürst von Hannover als G e o r g I. Das war für Händel gleichbedeutend mit einer Verbannung vom Hofe und konnte auf die Dauer noch schlimmere Folgen haben. Händel erkannte dies und suchte Mittel und Wege, den König sich wieder zu versöhnen.

Dass übrigens derartige widrige und unangenehme Verhältnisse seiner Schaffenskraft keinen Hemmschuh anlegten, sehen wir hier und werden später noch mehr Gelegenheit haben, ihn darin zu bewundern. Die Oper A m a d i s, welche in diese Zeit fällt, zeigt den Meister vollständig auf der Höhe seiner Kunst. Den Text hatte Heidegger, der Direktor des Haymarket Theater, geschrieben, mit dem Händel später in sehr nahe Beziehung trat. Das an Szenen voll dramatischer Kraft und Leidenschaft reiche Werk hatte einen grossen Erfolg. —

Endlich sollte auch die Aussöhnung mit dem Könige zuwege kommen. Der Baron Kielmannsegge, derselbe, der Händel einst in Venedig bewogen hatte, nach Hannover zu kommen, war ihm auch in London ein treuer Freund geblieben. Er hatte sich der Sache angenommen und einen Plan ersonnen, nach welchem Händel dem König, der nächstens eine Vergnügungsfahrt auf der Themse unternehmen würde, durch eine Serenade vom Wasser aus eine Huldigung darbringen sollte. Alles ging nach Wunsch. Als der König die herrliche, volltönige Musik hörte, wusste er sofort, von wem solche Töne kamen und auch was sie bezwecken sollten, und gerne gewährte er dem Meister Verzeihung. Die Musik ist bekannt geworden unter dem Namen „W a s s e r m u s i k". Auch an den Hof kam Händel bald wieder. Der berühmte Geiger Geminiani, der beim König in besonderer Gunst stand, erklärte er könne seine Sonaten nur spielen, wenn Händel begleite. Das sah der König auch ein; Händel musste erscheinen; die Aussöhnung war eine vollständige. Wie sehr der König Händel schätzte, ersehen wir daraus, dass er die von der Königin Anna ausgesetzten Jahrgelder um das Doppelte erhöhte und ihm ein paar Jahre später auch den Unterricht der königlichen Kinder anvertraute mit einem Jahresgehalt von 200 Pounds. Damit hatte dann Händel ein Jahreseinkommen von 12 000 Mark (in unserem Gelde). Alles das, alle Ehren und Auszeichnungen hinderten jedoch nicht, dass der Meister in einer Art von Staatskalender u n t e r dem Tanzmeister der Prinzessinnen rangiert.[51])

Der König verblieb vorläufig nur bis zum Juli 1716 in London; am 17. reiste er ab nach Hannover. Händel war mit im Gefolge. Dort angekommen, benutzte der Meister die Gelegenheit und fuhr zunächst in seine Vaterstadt Halle, um seine Angehörigen zu besuchen; auch für die Witwe Zachaus, die in Dürftigkeit geraten, sorgte er bei dieser Gelegenheit. Ebenso treffen wir ihn in Ansbach, wo er seinen alten Universitätsfreund, Christoph S c h m i d t, bewog, als Geschäftsführer und Sekretär mit ihm nach London zu gehen. Wieder nach Hannover zurückgekehrt, kam ihm eines Tages Brockes Passionsdichtung in die Hände. An freier Zeit fehlte es nicht, eine Oper zu schreiben war keine Gelegenheit, also begann er mit der Komposition dieser Passion.

Im Jahre 1704 war eine Passion, von Hunold Menantes gedichtet, von R. Keiser komponiert, erschienen. In dieser war der Evangelist ganz ausgelassen worden, Bibelsprüche und Kirchenlieder fehlten vollständig, dagegen hatte der Dichter drei Kantaten oder sog. Soliloquia, die Klage Mariä, die

Tränen Petri und einen Liebesgesang der Tochter Sion, eingeflochten. Die Passion näherte sich so in bedenklichstem Masse der italienischen Oper. Von allen Seiten wurde die Dichtung scharf angegriffen und vor allem das Fehlen des Evangelisten scharf getadelt. Dieses Werk bildete die Anregung für Brockes, auch eine Passion nach n e u e r Art, aber o h n e die Fehler der Menantes'schen Dichtung, zu schreiben. Er fasste das ganze dramatisch ab, liess es auch nicht an den Soliloquia der mithandelnden Personen fehlen, behielt aber den E v a n - g e l i s t e n bei und füllte so die Lücken zwischen den einzelnen Bildern durch eine freie Erzählung der Leidensgeschichte aus. Diesen Bildern waren fromme Betrachtungen gegenübergestellt und zwei allegorischen Personen, der „Tochter Sion" und der „gläubigen Seele", in den Mund gelegt. Schliesslich trat an geeigneter Stelle auch die christliche Kirche mit Kirchenliedern als Chor auf.[52]) — Die Dichtung ist für unseren Geschmack allerdings ungeniessbar; neben ihrer Schwülstigkeit wirkt sie in ihrem hohlen Pathos oft geradezu komisch. Das war aber damals die Sprache der geistlichen Dichtung überhaupt, und Brockes ist noch lange nicht der schlechteste unter den Dichtern seiner Zeit, man braucht nur einmal die Texte zu verschiedenen Bachschen Kantaten zu lesen.

Zuerst wurde die Passion von Staiger komponiert und 1712 aufgeführt; auch Mattheson und Telemann setzten sie in Musik, und der grosse S. Bach schätzte sie so, dass er mehrere Arien in seine Johannes-Passion übernahm und komponierte.

Grosse reflektierende Chöre fehlen in diesem Werke Händels vollständig. Die kurzen dramatischen sind verschieden an Wert, manche stehen hinter denen der Postelschen Passion zurück, andere aber wie: „O weh, sie binden ihn" sind unübertrefflich in ihrer dramatischen Haltung. Unter den Arien sind die meisten von grossartiger Schönheit. Glücklicherweise sind sie uns nicht verloren, und brauchen wir uns nicht den Genuss durch den schwülstigen Text verderben zu lassen. Dieses Werk ist für Händel eine Goldgrube gewesen; aus ihm hat er für Esther und Debora hauptsächlich geschöpft. In diesen Werken erscheinen uns jene Melodien in ihrer lauteren Klarheit, frei von allen Schlacken und anhaftenden unedlen Bestandteilen, in edles Metall verwandelt.

Im Januar 1717 kehrte Händel nach London zurück. Das Theater machte immer schlechtere Geschäfte; bevor es jedoch vollständig einging, kamen noch Rinaldo und Amadis zur Aufführung.

Händel zog sich nun ganz vom Theater zurück und nahm eine Stelle als Musikdirektor beim Herzog von Chandos an, der in der Nähe von London, in Cannons, einen wunderbaren Landsitz besass. Der Herzog galt allgemein als ein Sonderling, war dabei aber ein begeisterter Freund der Kunst. Bei ihm verkehrten die Spitzen der Aristokratie, der Gelehrten- und Künstlerwelt. Ein Hauptstolz war es ihm auch, in seiner Kapelle beim Gottesdienst Kirchenmusik aufführen zu lassen, die durch ihre Pracht und Vorzüglichkeit alles in Schatten stellen sollte. Das war ihm auch gelungen. Sein Kapellmeister, Dr. Pepusch, ein Deutscher, hatte die Leistungen des Chores und Orchesters auf eine solche Höhe gebracht, dass der Gottesdienst in Cannons stets zahlreiche Besucher aus London herbeizog. Wie musste sich das noch steigern, wenn an der Spitze ein H ä n d e l als „Leiter" stehen würde! Schnell entschlossen fand sich der Herzog mit Pepusch ab und engagierte unseren Meister. Es sind glückliche Jahre, die Händel hier in schöner Natur, umgeben von kunstsinnigen Männern,

Hallelujah.

Mit Erlaubnis der Königl. Bibliothek in Berlin.

frei von allen Sorgen erlebt hat, reich auch an unsterblichen Werken. Seine Stellung brachte dieselben Verpflichtungen mit sich, die er einst in Halle als Student hatte erfüllen müssen; er war Organist, Dirigent und Komponist. Wie damals trat die Forderung an ihn, zu den Kirchenfesten stets für neue Musik sorgen zu müssen. So entstanden zunächst die berühmten 12 Chandos Anthems und ein grosses Te Deum in B-dur.

Der Name „Anthem" von Ant'hymn — „a corruption of Antiphon" (Wechselgesang), wie Hawkins bemerkt, war bei den Meistern des 16. Jahrhunderts, Tye, Tallis u. a. gleichbedeutend mit Motette; man verstand darunter mehrstimmige Kirchenstücke über Bibelworte komponiert, und zwar in englischer Sprache. Zu Händels Zeit jedoch ist der Name zum Allgemeinbegriff für jede Art kunstvoller Kirchenmusik geworden, die direkt für den gottesdienstlichen Gebrauch geschrieben war.[53]

„Die alte Musik ist kirchlich, Händels Kirchenmusik ist alttestamentlich", sagt treffend Chrysander; wir können noch hinzufügen: und dramatisch. Hierdurch tritt sie in geraden Gegensatz zu der eigentlichen Kirchenmusik z. B. Palestrinas und der Niederländer. Während die Werke letzterer Meister rein objektiver Art sind, ein kostbares Gefäss für die Worte des Gebetes der ganzen Kirche, während der Komponist sein eigenes menschliches Empfinden vollständig auszuschliessen und seine Gesänge so zu formen hat, dass sie mit der liturgischen Handlung in eins sich verschmelzen,[54] wird bei Händel das Kunstwerk zum Selbstzweck. Indem der Tondichter den geistlichen Text in sich aufnimmt, sich an ihm begeistert und bei der Komposition uns alles so darstellt, wie er persönlich es empfunden und erschaut, schafft er subjektiv. Das bedeutet nach einer Seite hin eine Befreiung des Kunstwerks, eine Loslösung aus den kirchlich liturgischen Banden. So wenig der subjektiv dramatische Stil in die Kirche passt, das Oratorium ist nur durch ihn denkbar. Darum erscheinen die Anthems oder Psalmen hier als wichtigste Vorstufe für das Oratorium. Keine Gebete sind es, sondern Szenen aus der Geschichte des auserwählten Volkes, voll Leben und Wahrheit, aber auch voll Erhabenheit, denn über den Bildern schwebt Jehova, der gewaltige Lenker von Israels Geschick. Wir erblicken ihn nicht selbst, aber stets fühlen wir seine Nähe. Es ist dieselbe Grundstimmung, welche alle biblischen Oratorien Händels durchzieht, die wir hier in den Psalmen empfinden. Mit diesem Werke hat Händel die Fundamente fertiggestellt und stark genug begründet, dass sie den gewaltigen Bau der Oratorien für ewige Zeiten sicher zu tragen vermögen. Jetzt war die Zeit erfüllet.

OPER UND ORATORIUM.

Für das Oratorium ist das Wichtigste die Wahl des Stoffes: denn dieser unterscheidet es scharf von der Oper und dem Drama. Letzteres verlangt eine Handlung, die sich vor unsern Augen, lückenlos, von Schritt zu Schritt entwickelt, einen Helden, der durch seine Handlungen sich sein Schicksal schafft in freier Selbstbestimmung. Beim Oratorium ist natürlich auch eine logische Handlung die erste Bedingung, aber die Entwicklung braucht nicht stetig und Schritt für Schritt vor sich zu gehen. Das Ganze besteht vielmehr aus Bildern und Szenen, welche einzeln weit mehr in die Breite wachsen, als dies bei der Oper und dem Drama der Fall sein darf. Ein solch breiter Aufbau des Bildes gestattet nicht nur, sondern verlangt naturgemäss neue und grossartige Mittel zur Steigerung, sollen nicht statt abwechslungsreichen Alpenlandschaften flache und eintönige Ebenen entstehen. Das führt von selbst zu der Einführung gross angelegter Chöre, welche den Sologesängen entweder das Gleichgewicht halten oder sogar meist noch ein Uebergewicht über jene gewinnen. Gerade diese hohe Bedeutung und reiche Verwendung des Chores unterscheidet das Oratorium vorzüglich von der Oper oder dem Drama. Dieses Betonen der einzelnen Szene als abgeschlossenes, grossangelegtes Bild gönnt folgerichtig, im Gegensatz zum Drama, den Verbindungsgliedern der Handlung nur geringe Entfaltung; ein ruhiges, gleichmässiges Fortschreiten Schritt für Schritt ist fast unmöglich. Ebenso darf das Oratorium einer Exposition der Handlung entbehren. Diese Umstände, in Verbindung mit dem Uebergewicht des Chores, weisen dem Helden des Oratoriums eine ganz andere Stellung an, wie dem des Dramas. Letzterer ist der Träger des Ganzen, er bereitet sich sein Schicksal mit eigener Verantwortlichkeit und seine Handlungen bedingen in logischer Folge auch das Ende, sei es im guten oder bösen Sinne. Für eine solche Entwicklung des Helden hat das Oratorium keinen Platz. Der Held dieser Kunstgattung muss anders geartet sein, als der des Dramas. Händel wusste ihn zu finden; er nahm ihn aus der Geschichte des Volkes Israel. Die Helden dieses Volkes unterscheiden sich wesentlich von denen, welche das Drama verlangt. Sie sind es nicht selbst, welche die Handlung leiten, sie sind vielmehr Werkzeuge eines höheren Lenkers der Dinge, Jehovas. Unsichtbar führt dieser die Geschicke des Volkes, aber wir fühlen seine Nähe. Auf seinen Befehl vollbringt der Held seine Taten, er ist es, der Sieg oder Tod verleiht. Diese Anschauung rückt mit einem Male unsere Kunstgattung in die Sphäre des Erhabenen. Damit ist dem Chore von selbst seine hervorragende Aufgabe angewiesen.

Wenn nun auch das Oratorium sich von dem Drama sehr unterscheidet, so muss es nichtsdestoweniger doch dramatisch sein. Das will sagen, die einzelnen Bilder oder Szenen verlangen, wenn auch eine breite, so doch eine stets logische und sich plastisch aufbauende Steigerung der Handlung, ein bewusstes Streben nach einem Höhepunkte. Naturgemäss zeigt sich dieses Bestreben weniger ausgeprägt inbezug auf die Gesamtheit der Szenenanlage, —. Grundbedingung aber ist, dass das Werk stets als Ganzes erscheine auch in der Handlung. Dürftig aneinander gereihte Episoden machen kein Oratorium aus. In diesem obersten Prinzip stimmen Drama und Oratorium überein. — Die Notwendigkeit einer dramatischen Gestaltung zwingt ferner, alles Uebersinnliche aus der Gestalt des Helden fern zu halten; nur echte Menschen, mit Tugenden und Schwächen lassen eine dramatische Behandlung zu. Die Sicherheit, mit welcher Händel seine Stoffe auswählt, sie für den Zweck passend aufbaut und musikalisch dramatisch gestaltet, ist fast ebenso genial, als die Musik der Werke selbst. Sein Oratorium ist seine eigene Erfindung, es ist die logische Folge und zugleich die Bekrönung seines

Entwicklungsganges. Mit dem alten italienischen Oratorium hat es nichts als den Namen gemein, der für die Händel-Werke nicht leicht schlechter hätte gewählt sein können. Viel eher darf man annehmen, dass die Erinnerung an die alten Hamburger biblischen Opern und Schauspiele in ihm wieder auftauchten. Aber auch Werke, wie die italienische geistliche Oper A l e s s i o des römischen Komponisten L a n d i mit seinen vielen Chören mögen nicht ohne Einfluss gewesen sein, dass Händel nun geistliche Stoffe in dramatisches Gewand zu fassen begann. Vor allem aber war es sein eigenes geniales Gefühl, welches ihn die Unzulänglichkeit der bisherigen Form der Oper fühlen liess und ihn in neue Bahnen zwang. Daher mag es kommen, dass er bei seinem ersten Werke selbst nicht wusste, ob er es Oratorium oder Oper nennen sollte; das eine passte so wenig wie das andere, er hätte eine ganz neue Bezeichnung dafür erfinden müssen. Sei dem, wie ihm wolle, ein Händel - Oratorium konnte nur ein d r a m a - t i s c h genial veranlagter Mensch schreiben, einer, der wie Händel von der Oper ausgegangen war. Er musste notwendig zu diesem Ziele gelangen, ebenso notwendig wie Richard Wagner, von denselben Anfängen ausgehend, naturgemäss zum M u s i k d r a m a kommen musste.

Portrait Händels von Hudson.
Nach einem Stich im Verlage Carl Simon, Berlin SW.

Das erste Oratorium Händels, „E s t h e r", ist auf eine Aufforderung des Herzogs von Chandos entstanden. Wie Pallas Athene dem Haupte Jupiters, ist es fertig, als vollendeter Typus seiner Gattung, des Meisters Geist entstiegen. Dass man es anfangs auch auf der Bühne dargestellt hat, ändert nichts an dem Charakter des Werkes; einen szenischen Hintergrund wird jedes Händelsche Oratorium vertragen, wenn er auch als überflüssig zu betrachten ist. Sicher aber wird das Oratorium dadurch der Oper um nichts nähergeführt, sondern bleibt, was es ist. —

Ich wähle gerade „Esther", das Werk, welches man bislang mit Unrecht unterschätzt hat, um in einer ausführlicheren Besprechung an ihm als Beispiel zu zeigen, wie Händel bei der Abfassung vorzugehen pflegte.

Als Einleitung dient eine dreisätzige Ouverture, welche zu dem Schönsten gehört, was Händel auf diesem Gebiete geschaffen. Besonders interessant ist der zweite Satz dadurch, dass er die Hauptmomente bezw. die Personen der Handlung bereits scharf charakterisiert. Dem schmerzlichen Klagemotiv der hart bedrängten Juden (Violinen und Oboen) steht ein anderes von starrer Unerbittlichkeit, wie sie den Bedränger Haman kennzeichnet (Bratschen und Bässe), entgegen. Man kann somit diesen Satz als eine geniale Vorahnung jener Form der Ouverture betrachten, wie sie Mozart in seinem Don Juan, oder Beethoven im Koriolan geschaffen hat. Der Aufbau des Werkes in der ersten Bearbeitung ist, nach Szenen geordnet, folgender: Erste Szene. Der persische Feldherr Haman gibt Befehl, alle Juden, Weib und Kind nicht ausgenommen, zu vernichten. Die zur Milde mahnenden Worte Harbonahs vermögen nicht seinen Sinn umzustimmen. Mit wilder Freude hören die Krieger den Beschluss und wiederholen hohnvoll jauchzend den Mordbefehl. (Chor: „Wer soll den Gott der Juden scheuen.") Die zweite Scene führt uns unter die Israeliten. Hier herrscht grosse Freude. Esther ist Königin! „Nun stimmt die Harf' zum Preisgesang!" Freudig erregt bricht der Chor in die Worte aus: „Wer hält im harten Dienst uns noch, in Kettenlast und Sklavenjoch?!" Da eilt in der dritten Szene ein Israelit herein mit der Unglücksbotschaft; in düsteren Farben schildert er die kommenden Gräuel: „Mich dünkt, ich höre die Mütter schreien beim grausen Mord der Kinderschar!" etc. Der nun folgende Klagechor ist eines der ergreifendsten Stücke Händelscher Kunst. Noch düsterer wird die Stimmung in der folgenden wunderbaren Arie: „O Jordan, heil'ge Flut." — Vierte Scene. Esther und Mardakai. Letzterer berichtet Esther, was geschehen, und gibt als einziges Rettungsmittel ihre Verwendung beim König an. Nun ist aber ein Gesetz, dass jeder, der ungerufen vor des Königs Augen tritt, des Todes schuldig ist. Anfangs schwankt Esther. Mardakai jedoch redet ihr zu: „Nahe ihm furchtlos, Königin, vertraue der Liebe, Furcht ziemt nur vor Gott allein. Fällst Du für Dein Volk, so ist dieser Tod das schönste Los." Esther rafft sich auf und verspricht ihre Hilfe. „Wenn nur Blut versöhnen kann, so nimm mein Leben an, doch des Volkes erbarme Dich." Die fünfte Szene zeigt uns Esther vor dem Könige Ahasverus. Doch sie hat ihre Kraft überschätzt. Wie sie des Gewaltigen Antlitz erblickt, schwinden ihr die Sinne. Ahasver eilt zu ihr, und mit zärtlichen Liebesworten sucht er sie aus ihrer Ohnmacht zu befreien. „Das blutige Gesetz war nie bestimmt, o teures Weib, für Dich." Esther erwacht und redet ihn flehend an: „Find' ich vor deinen Augen Gnad', so ehre mich, o grosser Fürst; lass dich herab, und huldvoll komm' zu meinem Mahl. Den König und Haman lad' ich ein." Der König sagt zu in der anmutigen Arie: „Wie blieb ich fern, wo Liebe wohnt?" Nun ändert sich die Stimmung des Volkes und gewinnt eine Grossartigkeit und Kraft, die alles überragt. Eine Stimme ruft zu Jehova, dem Lichtumstrahlten: „Steh' auf, vertilge die Feinde allzumal." Jehova erhört das Flehen, und bei dem folgenden urgewaltigen Chor: „Er kommt" glauben wir unter Sturmesbrausen und Gewittersturm seine Nähe zu fühlen. Nun folgt das Mahl bei Esther. Hier erfährt der König die Verworfenheit Hamans und schwört bei dem Sonnenball, der Macht des Tages, dass Hamans Auge nie mehr den Strahl des gold'nen Lichtes sehen soll. Haman fleht Esther an, ihm Schutz zu gewähren, sie aber weist ihn stolz zurück. Damit hat die Handlung ihren Abschluss gefunden, und der weit ausgedehnte, durch Soli unterbrochene Schlusschor lässt den Jubel und die Freude, die in aller Herzen gezogen, wie ins Unendliche ausklingen. —

In dieser Form wurde das Werk in Kannons aufgeführt. Im Jahre 1732 unterzog es Händel einer Neubearbeitung, die darin bestand, dass er 1. einzelne neue Stücke, z. B. eine Hallelujah-Arie einfügte, dem zweiten Akt einen der mächtigsten Chorabschlüsse gab und hierzu das gewaltige Krönungsanthem (Zadock, der Priester), welches inzwischen entstanden war, verwandte; 2. grössere Klarheit in die Handlung zu bringen suchte durch Umstellung einzelner Szenen. Am glücklichsten zeigt sich dies gleich zu Anfang. Die erste Szene, welche nun mit einem wunderbar farbenprächtigen Eingangsstück beginnt, führt uns Esther als Königin vor, Israel scheint glücklichen Tagen entgegenzugehen. Jetzt folgt Hamans Anschlag gegen die Juden, darauf setzt sich die erste Szene gewissermassen fort in der Arie „Stimmt an". Letztere drückt allerdings die wichtige Szene des Haman zur Episode herab und schliesst eine dramatische Steigerung aus. Jetzt erst folgt der Umschwung der Stimmung. Mardakai erfährt Hamans böse Absicht. Es folgt die unendlich tiefe Arie: „O Jordan, Jordan", mit ihrem klagenden Orchestermotiv und der so trefflichen Malerei des dahinströmenden Flusses durch die lang ausgehaltenen Noten der Geigen zu den Worten: „Soll ich nie mehr dich gleiten sehen", darauf der Klagechor. Die Umstellung dieser beiden letzten Stücke, wie sie Händel vorgenommen, ist ein entschiedener Fortschritt, da sie eine Steigerung in sich schliesst.

In dieser Art sind nun auch die folgenden Szenen nach Bedarf geändert oder erweitert. Der Schlusschor hat sogar zwei neue Fassungen. Derartige Aenderungen nahm Händel auch an seinen späteren Oratorien vor. Um das zu verstehen, muss man stets im Auge behalten, dass Händels Werke fast alle Gelegenheitskompositionen waren, wie ich schon oben erwähnt habe, und stets der Gelegenheit, für welche sie bestimmt, auch genau angepasst erschienen. Kam eine neue Gelegenheit, so musste das Werk sich dieser fügen. Eine Arie z. B., welche dem neuen Vertreter einer Partie nicht lag, wurde transponiert oder geändert, oder war der Sänger nach einer Seite hin bedeutender als sein Vorgänger, so fügte der Meister wohl auch noch Stücke zu. Wer Händels Verfahren genau kennt, sieht bald ein, dass wir auch heute nicht nur berechtigt, sondern sogar gezwungen sind, wenn wir eines seiner Werke aufführen wollen, diese Grundsätze zu beachten und die Oratorien in eine Form zu bringen, welche unserer Zeit entspricht. Dieses Prinzip erkannt und ins Praktische übertragen zu haben, ist eines der grössten Verdienste Chrysanders. Mit „Debora" beginnend, hat er nach und nach die meisten und bedeutendsten Werke Händels in dieser Weise für die Aufführung bearbeitet, Messias, Judas, Israel, Saul, Esther, das Alexanderfest, Herakles, Acis und Galatea, die kleine Cäcilienode u. a. m. Schnelle Entwicklung, möglichst ausgeprägte kontinuierliche Steigerung, vor allem Eindringlichkeit und Uebernstimmung der Sprach- und musikalischen Accente, das sind die Forderungen,

die unsere durch Wagner beherrschte Zeit verlangt. Diesen hat Chrysander bei seiner Arbeit Rechnung getragen. In solcher Weise, in echt Händelschem Geiste bearbeitet, wurde Esther auf dem Händel-Feste zu Mainz am 18. Juli 1897 aufgeführt und fand eine geradezu begeisterte Aufnahme. Der Eindruck war fast grösser, als der, den Debora mit ihren gewaltigen Chören erzielte. Das war nicht nur ein Zeichen und ein Beweis, wie Recht Chrysander hat mit der Forderung einer zeitgemässen Bearbeitung, sondern auch dafür, dass Esther an Wert und Bedeutung keinem der anderen Werke nachzustehen braucht.[55]) Was bei den genannten Aufführungen sich auch herausstellte, war die Tatsache, dass Händel keine Ueberarbeitung des instrumentalen Teils verlangt, dass vielmehr die Originalinstrumentierung in der Besetzung des Orchesters, wie ich sie oben[56]) beschrieben habe, an wunderbarem Wohllaut und abwechselnder Farbenpracht alle Bearbeitungen weit übertrifft und überflüssig macht. —

Kaum ist Esther fertig, so sehen wir Händel bereits wieder an der Arbeit. Dem biblischen Oratorium stellt er das weltliche gegenüber in Acis und Galatea. Händel bezeichnet das Werk als „a Masque". Das ist der Titel für phantastische Bühnenspiele überhaupt. Zwar ist hier die Scheidung von der Oper noch nicht so ausgesprochen, wie in Esther, auch die Anzahl der Chöre geringer, aber die Grundzüge der neuen Form, die in Herakles später ihren grössten Triumph feiert, sind klar ersichtlich. Ich habe bereits auf die Neubelebung antiken Geistes in den Werken Händels und Shakespeares hingewiesen. Fürwahr, beim Anhören dieses Werkes fühlt man sich versetzt unter den sonnigen Himmel Attikas in jene Zeit, wo Kunst Leben und Leben Kunst bedeutete. Man wird nicht fertig, alle die Schönheiten dieses unvergleichlichen, lieblichen Werkes aufzuzählen. Die entzückende Nachtigallen-Arie, das liebliche Lied der Galatea „So wie die Taube", der polternde Gesang des Ungeheuers Polyphem, die Sehnsucht Acis', wo gibt es etwas Schöneres, Verklärteres, wo Vollendeteres in der ganzen Kunst?

Was die Dichtung der Esther anbetrifft, so wird Händel selbst wohl vieles angegeben haben, was Arbuthnot und Pope dann in dichterische Formen kleideten. Dass Pope viel daran gedichtet, g'aube ich nicht, dazu ist Esther zu poetisch angelegt; aber seine Feinhörigkeit für den musikalischen Tonfall der Worte, seine Korrektheit im Versbau, sein Sinn für das richtige Wort an der richtigen Stelle[57]) mögen doch mitgewirkt haben, dass Esther in dieser Beziehung tadellos ist. Als Dichter bedeutender war Gay, der Verfasser von Acis und Galatea. Pope nennt ihn „an Geist einen Mann, an Einfalt ein Kind". Sein Charakter war wenig ernst und ebensowenig gewissenhaft und gesetzt. In seinen Schilderungen des Landlebens (z. B. in Shepherds Week) liebt er triviale und possenhafte Idyllen und eine derbe, sinnliche Komik, die an die niederländischen Meister Ostade und Teniers erinnert; dabei blickt aber überall der Spötter durch. Umsomehr muss man Acis und Galatea als Dichtung bewundern, in der er sich von alledem freihält und ein Gedicht schafft, welches selbst ohne Musik der poetischen Stimmung nicht entbehrt. Am bekanntesten wurde er durch seine sogenannte „Beggars Opera", mit der wir uns später noch zu befassen haben werden.[58]) — In Kannons entstanden ferner noch 8 Klaviersuiten, von denen die 5. mit den Variationen über den „harmonischen Grobschmied" am bekanntesten geworden ist.

LEBENSKÄMPFE.

Der Lebensfrühling unseres Meisters war dahingegangen, heiter und sonnig, Blumen sprossten auf allen Wegen ihm entgegen. Jetzt trat Händel in des Lebens Sommer ein. Herrlich gedeihen in diesem die Saaten, aber er bringt auch Gewitter mit, und mancher Ast am Lebensbaume wird durch der tückischen Blitze Stral getroffen. Doch was kümmert dies die stolze Eiche, sie trotzt dem Wetter; und ob auch ein Zweig geknickt wird, herrlicher und prächtiger geht sie aus allen Kämpfen ungebeugt hervor. Und wie ein deutscher Eichbaum ragt Händel empor über seine Umgebung. Nicht nur König im Reiche der Kunst, fast herrlicher noch überstrahlt sein Charakter alles, was ihn umgibt. In einer Zeit, über die Gay spotten konnte: „Was die Lasterhaftigkeit anbelangt, so ist es schwer zu unterscheiden, ob die vornehmen Gentlemen die Gentlemen von der Landstrasse oder die Gentlemen von der Strasse die vornehmen Gentlemen nachahmen" — in einer solchen Zeit berührt das Bild eines Ehrenmannes, wie unseres Händel, doppelt schön.

Die Leidenschaft des Spiels war schon seit langer Zeit eine grosse gewesen, unter Georg I. nahm sie nie gesehene Dimensionen an. Damals tauchte plötzlich ein lebhaftes Gründertreiben auf, der sogenannte Südsee-Schwindel, und stachelte diese Leidenschaft zu einer wahren Spekulatioswut an. Alle, Staatsmänner, Gelehrte und Dichter, Geistliche und Lehrer, kurz, wer nur etwas Geld sein eigen nannte, wollte nun mit einem Male reich werden. Plan auf Plan der abenteuerlichsten Art stieg wie eine Seifenblase auf und zerplatzte. Kompagnien zur „Auffischung von Wracks", zur „Entsalzung des Seewassers", zur „Extrahierung von Silber aus Blei", zur „Einführung von Eselhengsten aus Spanien", zur „Konstruktion eines Perpetuum mobile" und viele andere zogen massenhaft Unterzeichner heran.[59]) Was Wunder, dass die Spekulation sich auch des Theaters bemächtigte. Der Adel mit dem König gründete eine neue Akademie für italienische Opernmusik auf Aktien. Als technischen Leiter berief man Heidegger, als künstlerischen Händel. Kraftnaturen, wie die Händels, fühlen sich am wohlsten, je grösser der Wirkungskreis ist, in dem sie ihre Kraft erproben können; darin gleichen sie dem magnetischen Eisen: je mehr wir es im Verhältnis anstrengen, desto stärker wird es, während es in langer Ruhe seine Kraft verliert. So schwer ihm der Abschied aus Cannons geworden sein mag — er wurde besonders von den Musikern fast abgöttisch verehrt —, hier galt es ein grösseres Ziel, und er nahm die neue Stellung ohne Besinnen an.

Für die Aktionäre war die Hauptsache eine möglichst grosse Dividende, diese aber hing von der Zugkraft der Bühne und diese wieder von der Beliebtheit der Sänger und Sängerinnen ab. Daran durfte also nicht gespart werden, und Händel wurde beauftragt, von überall her die besten Kräfte für das Unternehmen zu gewinnen. Er machte sich auf den Weg nach dem Kontinent, und zwar nach Deutschland. Man brauchte damals schon, um italienische Sänger zu finden, nicht nach Italien zu reisen. In Hamburg verpflichtete er sich den Bassisten Berenstadt, in Düsseldorf Baldassari, in Dresden aber, als die bedeutendsten, die Signora Durastanti und den Kastraten Senesino; auch den von Neapel her bekannten Bassisten Boschi, jenen phänomenalen Stimmriesen, traf er hier. Die Dresdener Kräfte konnte er allerdings erst 1721 erhalten.

Am 2. April 1720 wurde das Theater eröffnet mit einer Oper von Giovanni Porta. Als zweites Werk folgte Händels noch in Cannons komponierte Oper „Radamisto", mit der herrlichen, stets bewunderten Arie des Radamist „Ombra cara di mia sposa". Es würde zu weit führen und auch für unsern Zweck überflüssig sein, wollten wir jedes Werk genau zergliedern und im Einzelnen betrachten. Bei Beethoven und Wagner wäre das unumgänglich notwendig. Ihre Werke bilden eine Entwicklungskette, deren eines Glied das andere bedingt. Eine fünfte Sinfonie wäre nach der zweiten undenkbar, nach dem aber die Eroica dazwischen liegt, ist sie nur eine natürliche Folge der Entwicklung; ebenso ist keine neunte Sinfonie ohne die siebente möglich. Gerade so ist es bei Wagner. Nehmt einmal den Holländer weg, oder den Lohengrin, oder den Tristan, in jedem Falle werdet Ihr in des Meisters Schaffen den Faden für das Verständnis der folgenden Werke verloren haben. Anders aber bei Händel. Lassen wir von seinen Opern eine, ja mehrere fort, ja nehmen wir aus der Reihe der Oratorien selbst mehrere heraus, das Schaffensbild unseres Meisters wird auch nicht wesentlich dadurch unklarer. Das liegt in der Art seines Schaffens begründet. Sie ist, wie bei Mozart und Liszt, wie bei Goethe und Shakespeare, in dieser Beziehung eine objektive. Während Beethoven und Wagner den Gegenstand,

Händel-Denkmal in Halle.

den sie darstellen, in Beziehung zu ihrem eigenen Seelenleben setzen, ihn einen Teil ihres Ichs werden lassen, gibt Händel, ebenso wie Mozart, in umgekehrter Weise einen Teil seines Lebens an den Gegenstand hin und passt sich diesem an. Händels Schauen ist nach aussen gerichtet, Beethovens nach innen; Händels Blick ist ein allerfassender, sich stets erweiternder, Beethovens ein allvereinigender, alles konzentrierender. Bei Händel geht der Mensch im Weltall auf, bei Beethoven das Weltall im Menschen. —

Wohl auf Händels Veranlassung war sein Freund Domenico Scarlatti als Kapellmeister an die Oper berufen worden. Sein „Narciss" war die dritte Novität der Saison. Scarlatti konnte jedoch nicht festen Fuss gewinnen und verliess London bald wieder.

Die erste Saison verlief glänzend. Mit der zweiten aber zog bereits eine Wetterwolke auf. Jener Italiener, der Händels Pfad kreuzte, als er, noch ein Knabe, am Berliner Hof durch sein Spiel alles bezauberte, trat ihm von neuem feindlich in den Weg. B o n o n c i n i war als Kapellmeister in den Verband der Oper eingetreten. Sicherlich war er ein ganz hervorragender Meister in seiner Art. „Namentlich für das Komische und Naive besass Bononcini ein reizendes Talent, sodass er heute ohne die Londoner Irrfahrt wahrscheinlich in der Geschichte der Oper die Stelle einnehmen würde, auf welcher Pergolese mit seiner „Serva padrona" steht. In blindem Eifer, Händel zu überholen, verlor er seine eigene, hübsche Natürlichkeit und Liebenswürdigkeit." (Kretschmar.) Mit seiner Oper Astarte hatte der Italiener einen Erfolg, wie er grösser kaum sein konnte. So mochte er glauben, den Kampf mit dem Riesen Händel aufnehmen zu können. Ein grosser Teil des Publikums folgte dem Geiste, den es begreifen konnte, Bononcini, nach und bildete eine Partei gegen Händel.[60]) Nun wollte diese englische „vox Dei" sogar entscheidend beweisen, wer von beiden Meistern der grössere sei. Händel und Bononcini mussten jeder einen Akt der Oper „Muzio Scevola" komponieren. Was bei einem derartigen Schiedsgericht, bei dem das liebe Publikum den Richter macht, herauskam, kann man sich denken. Jeder hatte natürlich Recht, und das von Rechtswegen, denn sie alle zusammen vermochten eine Geistesgrösse, wie die Händels, nicht zu fassen und noch weniger zu würdigen. Es war dasselbe Bild, was sich später in Wien wiederholte, als wieder ein Italiener, Rossini, den gewaltigen Beethoven vergessen machen konnte; und wer ist in unserer Zeit mehr verlästert worden, wer hat das „Kreuziget ihn!" lauter schreien hören, als Richard Wagner? Wenn aber zwei streiten, so freut sich der dritte; an diesem Dritten hat es gerade damals, in der Zeit der Satire und des Pamphlets, der Zeit eines Jonathan Swift, nicht gefehlt. Am bezeichnendsten ist wohl Byroms Epigramm:

„Der sagt, Signore Bononcini
Sei neben Händel nur ein Wicht:
Und Der, dass Händel kaum verdiene,
Dem Ersteren zu halten das Licht.
Seltsam, dass solch ein Abstand sei
Zwischen Dideldum und Dideldei."

Im Jahre 1723 wurde als dritter Dirigent Attilio Ariosti, der, wie wir gesehen haben, ebenfalls bei Händels Auftreten am Berliner Hof zugegen war, engagiert. Dieser jedoch hat niemals die Kreise des grossen Händel zu stören versucht. Mit einer Oper „Coriolan" hatte er Glück. Er führte auch in England die Viola d'amore, die er virtuos spielte, ein und trug oft Stücke als Einlagen in den Opern vor.

Bononcini hatte unterdessen stets gegen Händel weiter intriguiert. Jetzt kam der Tag der Rache, aber einer Rache, wie sie eines grossen Mannes, wie Händels, würdig war. Schon war eine Oper des Italieners durchgefallen, die Aktionäre fürchteten bereits ein Fallen der Papiere, und in dieser Sorge sah man Händel um ein neues Werk. Dieser war bereits mit einem solchen beschäftigt; schnell wurde es vollendet. Es war „G i u l i o C e s a r e". Bei der ersten Aufführung erhielt es einen solchen Beifall, dass nicht nur Händel mit einem Male wieder in aller Munde war, sondern auch Bononcini besiegt seinen Abschied erhielt. In einem Brief des Grafen von Flemming an den hannöv. Minister de Fabrice und dessen Bruder vom 10. März 1724 aus London heisst es: „L'opera va grand train aussy depuis que le nouveau Opera de Hendell, nommé Jules César, ... est sur le theatre, la Maison ayant été aussy remplie à la septième representation qu'à la première".[61]) Ruhmlos musste Bononcini bald darauf London verlassen; wo er später, und wie er geendet, weiss niemand zu sagen.

Dem Julius Cäsar waren aber noch drei Werke vorausgegangen, welche wir hier erwähnen wollen: „Floridante" (1721), „Ottone" (1722), und „Flavio" (1723).

Im Ottone sang die berühmte Sängerin Cuzzoni, die 1723 gewonnen war, die Stelle der Theophane. Eines der schönsten Stücke des Werkes ist die Arie „Falsa imagine". Merkwürdigerweise wollte aber die Diva gerade diese Arie nicht singen. Dabei aber hatte sie nicht mit dem Maestro Händel gerechnet. Kaum erfährt er ihre Weigerung, da fährt er sie an mit seiner gewaltigen Stimme und droht ihr, sie aus dem Fenster zu werfen, falls sie noch ein Wort der Weigerung sprechen würde. Das wirkte. Händel mochte ihr, wie er in seinem Zorn losdonnerte, auch wohl als ein Mann erscheinen, mit dem in solchen Dingen nicht zu spassen war, und der leicht einmal eine solche Drohung zur Wahrheit machen konnte. Sie hat es nie wieder versucht, gegen seinen Willen Stellung zu nehmen. Dass Händel recht hatte, sah sie bald ein, denn gerade mit dieser Arie hatte sie den grössten Erfolg. Auch über die Aufnahme des Ottone liegt ein interessantes briefliches Zeugnis des genannten Grafen Flemming vor. Nachdem er über die Ankunft der Cuzzoni berichtet hat, fährt er fort: „Elle a chanté à un nouvel Opera de Hendell, nommé Othon, avec un très grand aplaudissement, et la Maison remplie comme un Oeuff. C'est aujourdhuy la seconde representation et il y a une si grande presse pour y aller qu'on vend deja à 2. ou 3. Guinées le Tiquet, dont le pri Courant est une demy-Guinée; de maniere qu'on en fait presque un Mississipi ou une Sudsée.[62])

Im Jahre 1724 schrieb Händel die Oper „Tamerlan". Sie ist wohl das einzige Händelsche Stück, in dem die Klarinette verwendet ist.[63]) 1725 folgte „Rodelinde" mit der ergreifenden Szene im Zypressenhain an den Gräbern der Longobardenkönige. Der totgeglaubte König Bertarido kommt auf seiner Flucht an die Stätte der Gräber seiner Ahnen. Da fällt sein Blick auf eine Inschrift: Bertarido fu Rè — er liest seinen eigenen Namen. Das ist einer von den Momenten, wo es den Zuschauer kalt überlaufen soll. Welche Mittel wendet nun Händel für diesen hochdramatischen Augenblick an? — Während vorher das Orchester das Rezitativ begleitet, schweigt es plötzlich in dem Momente, wo Bertarido seinen Namen ausspricht. Dieses Schweigen aber ist beredter, als es die raffiniertesten Orchestermittel sein könnten. Man fühlt die unheimliche Stille des Friedhofs, in welche der Name plötzlich hineinklingt, als steige eine unheilvolle Gestalt aus dem Grabe hervor. Ein kalter Schauder erfasst uns beim Klang dieser durch Pausen unterbrochenen Worte, die nirgends ein Echo finden, ein Gefühl der Einsamkeit und Verlassenheit. Und dann der ergreifende Gegensatz, das unendlich wehmütige Sehnsuchtslied: „Dove sei"!

Diese Art, den Moment der höchsten dramatischen Spannung musikalisch durch plötzliches Aussetzen der Instrumentalstimmen zu schildern, ist einer der genialen Züge, die typisch für den grossen Meister sind. Dieselbe Wirkung erzielt er ebenso in „Belsazar". Wie der junge David dem König die Flammenschrift deutet, setzt plötzlich zu den Worten der Feuerschrift das Orchester aus, ein Moment von hoher dramatischer Wirkung. Man glaubt wirklich die entsetzliche Schrift selbst zu erblicken. Vor allem aber dient dieses Mittel in dem Oratorium Joseph zum Ausdruck der höchsten Spannung. In

dem Augenblick, wo Joseph sich nach einer bewegten Szene seinen Brüdern zu erkennen gibt, schweigt das Orchester. Der Eindruck, welchen so die schlichten Worte machen, ist tief ergreifend. —

Im Jahre 1726 folgten die Opern „Scipio" und „Alexander". Mit letzterem Werke zieht auch ein neues Wetter auf. In ihm trat zuerst die berühmte Sängerin Faustina Bordoni neben der Cuzzoni auf. Beide hatten grossen Erfolg. Da taucht aber sofort im Publikum die leidige Frage auf, wer von beiden die bedeutendere sei. Wie einst bei Händel und Bononcini spaltete sich die englische Gesellschaft wieder in Fraktionen, die lebhaft an das alte Byzanz erinnern. Wieder gab es Schriften, Satiren und Pamphlete hin und her. Die beiden Damen aber, die sich anfangs ganz gut vertragen hatten, wurden so gegen einander verhetzt, dass man sie einfach nicht mehr zusammen auftreten lassen durfte, wahrlich kein Vorteil für das Gedeihen der Oper. Die Schwierigkeiten wurden immer grösser. Es regnete förmlich Angriffe auf die italienische Oper. Die Anhänger des regelrechten Dramas deklamierten immerfort gegen sie. Dazu kam noch das starke Vorurteil gegen die Fremden und Papisten. Nehmen wir zu alledem noch die Unverschämtheit und Aufgeblasenheit der italienischen Sänger, besonders des Kastraten Senesino, die wieder alle im Publikum ihre Stützen fanden, wenn ihnen etwas gegen ihren Willen von der Leitung oder dem Komponisten aufgegeben wurde, da ist es kein Wunder, dass das ganze Unternehmen nicht von Dauer sein konnte.

Der unerwartete Tod Georgs I. unterbrach plötzlich das Spiel. Die Trauerfeierlichkeiten und nachher die Vorbereitung für die Krönung Georgs II. liessen alle Theaterlust vorläufig in den Hintergrund treten. Als Hofkomponist, der Händel seit 1726 war, wurde er beauftragt, die Festmusik zu der Krönungsfeier zu schreiben. Diesem Auftrag verdanken wir eines der grandiosesten Werke, welche Händel geschrieben, die vier „Krönungsanthems". Das erste „Zadock, der Priester" mit dem folgenden „Gott sei mit dir,

Heil dem König auf ewig!" erwähnte ich bei der Besprechung der Esther, wo es Händel in so wunderbarer Weise als einen Höhepunkt der Stimmung eingefügt. An **monumentaler Grossartigkeit** steht ihm zur Seite das zweite: „Der König **freut sich**." Das sind musikalische Gedanken von solch **elementarer Macht**, solcher **Naturwüchsigkeit** und **Selbstverständlichkeit**, dass man meint, sie müssten von Ewigkeit her existiert haben. Sie sind im höchsten Grade **volkstümlich**. Wie das Gold verborgen in der Erde liegt und dessen harrt, der es ans Licht befördert, so ruhen solche Gedanken tief im Geiste des Volkes. Aber nur ein Sonntagskind, ein gottbegnadetes Menschenkind kann den Schatz heben. —

Die Krönungsfeier war vorüber, die Oper begann wieder ihre regelmässigen Vorstellungen. Doch nun zeigten sich die üblen Folgen der Theaterwirtschaft: das Publikum blieb immer mehr aus. Um das Unglück vollständig zu machen, tauchte um diese Zeit ein Unternehmen auf, welches geeignet war, dem italienischen Operntheater den Rest der Treugebliebenen zu entziehen: die „**Beggar's Opera**". Der Dichter Gay, dieser sorglose, lustige Spötter, der selbst in seiner Grabschrift das Leben einen Scherz nennt, hatte in den Südseespekulationen sein Geld verloren und strebte darum nach einer Stelle am Hofe. Darin hatte er kein Glück, und um sich am Ministerium zu rächen, verfasste er diese Beggar's Opera,⁶⁴) die wütendste und schmutzigste Karrikatur, die man sich denken kann. In den Hauptpersonen dieser Spitzbubengesellschaft glaubte man den allgemein verhassten Premierminister und seine Tochter wiederzuerkennen. Aber nicht nur eine politische Satire erkannte man in der „Bettler-Oper", sondern sie war fast noch mehr eine „**Verspottung des Opernwesens**". Statt der Arien wurden in ihr Gassenhauer gesungen, und man wagte sich einmal sogar an Händel heran. Gay lässt seine Räuberbande nach den Klängen des Rinaldo-Marsches zum Raube abmarschieren. — Alles strömte hin, dieses merkwürdige Werk zu hören. Die Folge dieses Stückes war nicht nur, dass die Spitzbübereien allenthalben zunahmen — ähnlich wie später einmal in Leipzig Schillers Räuber für die zunehmenden Diebstähle auf der Leipziger Messe verantwortlich gemacht wurden —, sondern sie wirkte so schädigend auf die italienische Oper, dass diese kurz darauf ihre Tore schliessen musste.

Besser als durch alles andere wurden die Zustände durch die beiden hochinteressanten Bilder Hogarths beleuchtet (s. folg. Seite). Sie sprechen eine deutlichere Sprache, als Worte es vermögen. Das erste Bild stellt eine Szene des dritten Akts der Bettler-Oper dar, die im Gefängnis spielt. Rechts und links auf der Bühne sind die Logen für die vornehmen Theaterhabitués. Die Insassen derselben sind bekannte Persönlichkeiten, porträtähnlich dargestellt. Das Bild ist auch dadurch von grosser Wichtigkeit, weil es die einzige bekannte Darstellung des Innern von Lincoln-Inn-Fields Theater zeigt. — Von fast noch grösserer Bedeutung ist das andere Bild Hogarths, die Burleske auf die „Beggar's Opera". Dieser Stich zeigt gleichzeitig die Darstellung der „Beggar's-Opera" und rechts im Hintergrunde eine solche der italienischen Oper. In der erstern sind alle Personen mit Tierköpfen gezeichnet: Polly mit dem einer Katze, Lucy mit dem eines Schweines, Macheath mit einem Eselskopf, Lockit mit dem Kopf eines Ochsen u. s. w. — In der italienischen Oper scheinen einige Edelleute die erste Sängerin nach vorne zu führen und ihr Geld anzubieten, um sie dieser Bühne wol abspenstig zu machen, oder sie vor einer Person zu schützen, die mit gezogenem Schwert auf sie zustürzt. (Vielleicht ist darunter Händel gemeint.) Die „Harmonie", in der Luft fliegend, kehrt dem englischen Theater den Rücken und eilt nach dem rivalisierenden Theater. Vor ersterem stehen Musikanten, die auf komischen Instrumenten spielen. Auf der einen Seite sind

Personen von Rang, einige davon knieend, als ob sie Polly anbeteten. Diesen gegenübergestellt stehen ein Metzger und andere, die gleichen Beifall ausdrücken. Apollo und eine der Musen schlafen unter der Bühne. — Das Bild trägt die boshafte Unterschrift:

„Auf d i e harmonische Bühne, Briten, müsst ihr blicken,
Der Musik lauschen — uns'rer Zeit Entzücken —,
So soll Eu'r Geschmack für Ton und Geist sich zeigen —
Und „Bettler-Opern" bleiben stets Eu'r Eigen. —"

Noch ein interessanter Stich Hogarths ist vorhanden, der ein Bild der C u z z o n i zeigt wie sie mit einem Rechen Geld zusammenrafft, oben, aus einem Fenster guckt H e i d e g g e r heraus.

Alle diese Unannehmlichkeiten, all dieser Aerger haben trotzdem nicht vermocht, auf Händels Schaffenskraft lähmend zu wirken. Nicht weniger als vier Opern fallen in diese Zeit, „Admeto" (1727), „Ricardo I." (1727), „Siroe" und „Tolomeo" (1728).

Auch garnicht lange dauert es, da sehen wir Händel bereits wieder an der Spitze einer neuen Oper. Neben ihm war der durch seine Hässlichkeit und Unverschämtheit und sein Geschick im Arrangieren öffentlicher Vergnügungen gleich sehr berufene H e i d e g g e r , ein Schweizer, Direktor.[85]) Beide leiteten das vom Könige und den grossen Edelleuten der Hofgesellschaft gut subventionierte Theater vollständig selbständig. Wieder zieht Händel aus, gute Sänger für das Unternehmen zu suchen, dieses Mal nach Italien. Er fand, was er suchte, besonders in dem Kastraten B e r n a c c h i und der Primadonna, der Signora S t r a d a. Der greise Steffani begleitete ihn auf dieser Reise. Auch seine alte Mutter sah er in Halle zu letzten Male; Weihnachten 1730 starb sie. Die rührende, tiefe Liebe, die Händel zu seiner Mutter hegte, ist ein weiterer herrlicher Zug in dem Charakterbilde des edlen Mannes. — Die Nachricht, dass der berühmte Händel in Halle weile, war auch zu den Ohren Joh. Seb. Bachs gelangt. Sofort machte er sich auf den Weg, seinen grossen Kollegen zu besuchen. Als er ankam, war Händel bereits abgereist. Die zwei gewaltigsten Musikheroen ihrer Zeit haben sich niemals persönlich kennen gelernt.

Dezember 1729 wurde die neue Oper eröffnet. Die erste Vorstellung brachte ein neues Werk Händels, den „ L o t a r i o ". Im Februar 1730 folgte „Partenope", dann „Poro" (1731), „Ezio" (1732), (die beiden letzteren von dem berühmten Librettisten Metastasio) und einen Monat später im Februar „Sosarme". Dazwischen wurden Julius Cäsar und Rodelinde wiederholt. Um die Gruppe der in diese Periode fallenden Werke vollständig zu machen, füge ich gleich hier den erst 1733 komponierten „ O r l a n d o " bei, eine Oper, die zu den allerbedeutendsten des Meisters gehört. Besonders interessant ist die Anwendung des $^5/_4$-Taktes in der Wahnsinnsszene.

Das Jahr 1732 bringt eines der wichtigsten Ereignisse in Händels Leben. Am 19. April stand im Daily Journal zu lesen: „Auf Befehl Seiner Majestät: Im Königlichen Theater am Haymarket: Dienstag, dan 2. Mai, E s t h e r". An diesem denkwürdigen 2. Mai ist zum ersten Male eines jener Wunderwerke, das erste Oratorium Händels, ö f f e n t l i c h aufgeführt worden. Die Veranlassung war folgende: Seit dem Frühjahr 1731 hatten sich Musikvereine und kleinere Bühnen die beiden Werke „Esther" und „Acis und Galatea" zur Aufführung angeeignet, zum Teil sogar Bühnen, welche zur Gegenpartei gehörten. Für den 20. April hatte eine dieser Gesellschaften Esther angekündigt. Das reizte Händel offenbar, und so fasste er den Entschluss, das Werk selbst auf-

Beggar's Opera, Act III.
From the Original Picture in the Collection of his Grace the Duke of Leeds. Publish'd July 1st 1790 by J&J Boydell Cheapside & at the Shakspeare Gallery Pall Mall London.

The Beggar's Opera

Brittons attend – view this harmonicus Stage,
And listen to these notes which charm the age,
Thus shall your tastes in Sounds & Sense be shown,
And Beggars Opras ever be your own.

zuführen. So kam am 2. Mai Esther und im Juni Acis und Galatea zur Aufführung. Erstere fand auf der Bühne mit Dekorationen statt, aber ohne Aktion; diese war durch den Bischof untersagt worden.

Von Instrumentalsachen schrieb Händel in diesem Jahre eine Sammlung von 12 Solo-Sonaten mit Bass, denen im folgenden Jahre „6 Trios" oder „Zweistimmige Sonaten mit Bass" folgten.

Der Erfolg der ersten Oratorien-Aufführungen mag Händel veranlasst haben, diese Kunstgattung immer mehr ins Auge zu fassen. So sehen wir ihn bereits im folgenden Jahre mit einem neuen Oratorium, einem Riesenwerke, hervortreten. Das war „Debora". Hielten sich in Esther Solopartien und Chor gegenseitig noch die Wage, eine natürliche Folge der ganzen Anlage, so erlangen die Chöre in Debora über die Solopartien ein gewaltiges Uebergewicht, welches für die meisten späteren Oratorien fast typisch wird. Diese Chöre gehören zu den grossartigsten und gewaltigsten, die Händel geschrieben. Hier begegnen wir auch zum ersten Male der Gegenüberstellung des durch die Baalspriester verkörperten heidnischen Elements und des jüdischen, die wir noch in verschiedenen Werken antreffen werden. Die Art, wie Händel hierbei verfährt, zeigt wieder einen neuen Zug seiner genialen Gestaltungskraft, die den Gegenstand stets von der richtigen Seite erfasst. Er weiss, die Baalspriester müssen den Israeliten unterliegen, das ist ihr Schicksal. Aber er fasst sie nicht als unwürdige Gegner, als Barbaren auf, über deren Untergang man kein Wort zu verlieren braucht. Er schildert sie vielmehr in seinem unvergleichlichen Baalschor mit so herrlichen bunten Farben, mit solcher Lieblichkeit der Melodie, dass man aus jeder Note den Duft heiteren, aber geläuterten Lebensgenusses zu kosten glaubt. Es sind die Kinder der Welt, deren einzigstes Gesetz das „Carpe diem" ist, wie es einst Griechenlands herrliches Volk verstanden, und wie es die italienische Renaissance wieder als Motto erwählt hatte. Und nun der Gegensatz! Wie muss alle Erdenpracht erbleichen vor der Erhabenheit Jehovas, des „Herrn der Ewigkeit"! Der Eindruck, wenn die Israeliten ihn so anrufen, ist unbeschreiblich und von elementarer Macht. Auch in diesem Werke hat Händel frühere Sätze, so aus den Krönungsanthems, verwendet.

Der Inhalt des Werkes ist dem Buche der Richter entnommen und von Humphrey gestaltet. Debora, die Richterin, fordert Barak auf, als Feldherr Israel gegen die Feinde zu führen. Dieser gehorcht. Die Feinde werden besiegt, und Sisera, ihr Anführer, flieht. Ermattet und schutzflehend kommt er in das Haus der Jaël. Diese erquickt ihn, aber während er daliegt und schläft, ermordet sie ihn, indem sie ihm einen Nagel durch den Kopf treibt. Jaël erzählt ihre Tat in wildem Jubel. Das ist einer von den Zügen der alten Geschichte, die unserem heutigen Empfinden geradezu Entsetzen und Abscheu einflössen. Wir empfinden Jaël und ihren Meuchelmord geradezu als einen Flecken in dem herrlichen Bilde und als einen Schaden am Werke. Der Grundsatz einer zeitgemässen Darstellung der Werke Händels zwingt hier zu einer unserem Empfinden entsprechenden Umgestaltung. Mit sicherer Hand hat Chrysander auch diese vollzogen in seiner Neubearbeitung des Werkes. Er hat die uns abstossende Gestalt der Jaël vollständig aus dem Werke entfernt. Statt ihrer erzählt Debora selbst kurz den Tod des Feindes. Die Art, wie Chrysander diese Umgestaltung vorgenommen, ist so vollständig im Geiste Händels durchgeführt, wie es eben nur der kann, der, wie Chrysander, ein Menschenleben lang sich in die Werke Händels vertieft hat.[66)]

Denkmal in der Westminster-Abtei.

Die Aufführung der Debora fand am 17. März 1733 statt. Man hatte bei aufgehobenem Abonnement die Preise erhöht. Das genügte, einen förmlichen Sturm gegen Händel zu erregen. Ein zweiter Walpole wurde er genannt. Alles Erdenkliche wurde ihm vorgeworfen, nur eines musste man unangetastet lassen, das war seine Ehrenhaftigkeit und seine hohe Sittenstrenge. Nicht eines der gegen ihn gerichteten Pamphlete weiss ihn eines moralischen Makels zu zeihen. — Es blieb nichts übrig, als die Preise wieder herabzusetzen. Das vermochte aber nicht, die einmal erregten Leidenschaften zu bannen. — Dazu kam nun noch die stets zunehmende Unverschämtheit der Sänger. Der Kastrat Senesino ging eines Tages in seinem Betragen gegen Händel so weit, dass ihn dieser einfach zur Tür hinauswarf, was wohl richtig, aber nicht klug gehandelt war. Die Edelleute, die Hauptstützen der Oper, nahmen Partei für den Sänger und errichteten ein Konkurrenztheater in Lincoln's Inn Fields.*) Heidegger und die Mehrzahl der besten Sänger wussten sie zu sich herüberzuziehen. Sie machten es sich zur besonderen Aufgabe, Händel zu ruinieren, und brachten es tatsächlich dahin, dass sein Theater fast leer blieb. Händel hatte es an Anstrengungen nicht fehlen lassen. Wiederum war er nach Italien gereist und hatte auch das Glück, bedeutende Kräfte zu erwerben. Auch der König blieb stets auf Händels Seite, und die Königin Karoline bot ihren ganzen Enthusiasmus auf für seine Sache. Der Prinz von Wales jedoch, der in heftiger Opposition gegen seinen Vater stand, schlug sich zur Gegenpartei. Lord Hervey erzählt in seinen Memoiren: „Der König und die Königin sassen und froren in der leeren Haymarket-Oper, während der Prinz mit den Häuptern des hohen Adels ebenso beharrlich die Oper von Lincoln's Inn Fields besuchte." Des Königs Bemerkung, dass es für Leute von Stand eine sehr wenig ehrenvolle Beschäftigung sei, sich an die Spitze einer Musikantenrotte zu stellen, und dass der Ruin eines armen Teufels (poor fellow) doch wohl keine so edle Aufgabe sei, dass die Unternehmer viel Ehre davon haben könnten, sie möchten durchdringen oder nicht,[67]. — machte keinen Eindruck.

Eine kleine Genugtuung konnte es Händel sein, dass die Gegenoper trotz aller Anstrengung, trotz eines Sängers wie Farinelli, mindestens ebenso schlechte Geschäfte machte, wie er.

Aber nicht nur mit Sängern, auch mit Novitäten suchte man sich zu bekämpfen. Ueber gute Erfolge seiner Werke konnte sich Händel bei alledem nicht beklagen. Seine „Ariadne" trug weitaus den Sieg davon über die zu gleicher Zeit auf der Nebenoper gegebene „Ariadne of Naxos" von Porpora. Eine Neubearbeitung des Pastor Fido erlebte 14 Aufführungen. Weniger von selbständiger Bedeutung ist „Parnasso in Festa", ein Festspiel, welches zur Trauung der Prinzessin Anna, der Lieblingsschülerin Händels, am 13. März 1734 gegeben wurde; es enthält meist Stücke aus Händels Athalia. Für diese Trauungsfeier schrieb Händel auch ein „Trauungsanthem".

Unterdessen lief Heideggers Kontrakt ab, was zur Folge hatte, dass Händel das Haymarket-Theater räumen musste. In dieses zog nun die Gegenoper ein. Händel aber verbindet sich mit Rich, dem ehemaligen Direktor der Bettler-Oper, und zog mit diesem vorläufig in das Theater der Gegenpartei und, als dann das neue Haus im Coventgarden fertig war, in dieses. Letzteres wurde im November 1734 mit einem Ballett mit Gesang: „Terpsichore" und dem „Pastor Fido" eröffnet. Dann folgte „Orest", dessen Musik

---
*) S. das 1. Bild Hogarths (nach S. 59).

aber aus früheren Werken entlehnt ist, und als erstes bedeutendes Werk die Oper „Ariodante". Uebertroffen wird sie fast noch durch die im April 1735 zuerst aufgeführte Oper „Alcina". Ich nannte Händels Schaffen, in einem bestimmten Sinne, ein objektives. Das hindert aber nicht, dass er fast in jedem neuen Werke durch neue Schönheiten und Errungenschaften überrascht. Das liegt aber nicht in einer inneren Entwicklung begründet, es ist vielmehr die Folge der äusseren Verhältnisse und Mittel, die ihm zu Gebote stehen, und die er stets in genialer Weise auszubeuten versteht. Als er in London den berühmten Oboer Galliard im Orchester sitzen hatte, behandelt Händel dieses Instrument in einer geradezu virtuosen Weise; in Cannons fehlen ihm die Bratschen, da schreibt er seine herrlichen Anthems eben ohne diese Stimme, schafft aber seine Instrumentation vollständig aus dem Klange der vorhandenen wenigen Instrumente heraus. In den grossen Krönungsanthems, wo ihm die reichsten instrumentalen Mittel zu Gebote standen, vor allem ein grosser Streicherchor, scheut er sich nicht, die Geigen statt der üblichen zwei in drei Gruppen einzuteilen. Am Coventgarden-Theater war das Orchester ebenfalls sehr reich besetzt; die Folge davon ist eine auffallend glänzende Instrumentation in den Werken dieser Zeit, Alcina und Ariodante. Dabei ist das Kolorit natürlich kein äusserliches, kein nur sinnlicher Effekt, es entspricht einer Notwendigkeit, dem Produkt aus dem Geiste und der Anlage des Ganzen und den vorhandenen Mitteln und Möglichkeiten.

Die rastlosen Anstrengungen, die Händel während dieser Zeit gemacht hatte, um die Oper zu heben, die Aufregung, der Aerger, alles das zwang ihn, endlich, wenn auch nur für kurze Zeit, an seine Gesundheit zu denken. So verbrachte er den Sommer 1735 in den Bädern von Tunbridge. Zurückgekehrt gab er sich mit erneutem Eifer der undankbaren Aufgabe hin, den Zusammenbruch des Theaters zu verhindern. Vergeblich; seine neuen Opern „Atalanta", „Giustino", „Arminio", „Berenice" hatten, trotz ihrer Vortrefflichkeit, keinen Erfolg. Im Jahre 1737 war der Bankerott da. Händels Ersparnisse gingen mit einem Schlage verloren, und, was noch schlimmer war, seine Gesundheit war zerrüttet. —

Wie wenig Macht die äusseren Verhältnisse über die Riesenkraft des Händelschen Geistes hatten, hat sich während der ganzen Unglückszeit gezeigt. Zwei Werke von höchster Bedeutung bezeichnen sowohl Anfang als Ende dieser Epoche. Im Jahre der Gründung der Gegenoper (1733) schrieb Händel das Oratorium „Athalia", und während die Oper dem Bankerott entgegenschritt, während des Meisters Gesundheit anfing zu wanken, da schenkte er, der von aller Welt Verlassene, uns wieder eines seiner schönsten und herrlichsten Werke: „Das Alexander-Fest" (1736).

An Grossartigkeit und mächtiger Gewalt steht Athalia der Debora nicht nach. Bei den breiten Akkordmassen z. B. des Eingangschors zum 2. Akt hat man das Gefühl, als ob Händel sogar versuche, die gewaltige Erhabenheit, wie sie verschiedene Chöre der Debora aussprechen, noch zu steigern. Was uns aber am meisten interessiert, ist die Art, wie Händel den biblischen Stoff aufgreift und verwendet. Die Zeit der Königin Athalia wird beherrscht durch eine fast übermenschliche Gestalt, die des Propheten Elias. Sofort tritt die Frage auf: Warum hat Händel diesen nicht zum Helden seines Oratoriums gemacht? — Aus demselben Grunde, aus welchem er später in seinem Israel den Moses nicht persönlich einführte. Das Grundprinzip des Händelschen Schaffens ist das dramatische. Sowohl Elias wie Moses sind aber zu dramatischer Gestaltung durchaus unbrauchbar. Beide sind U e b e r m e n s c h e n, Händels Helden aber müssen M e n s c h e n sein, die m e n s c h l i c h handeln und empfinden, sollen sie sich in den dramatischen Aufbau des Ganzen einfügen lassen.[68]) Ferner, beide Gestalten hätten nur im e r h a b e n e n Sinne dargestellt werden können. Solche Erhabenheit eines einzelnen Helden würde das Grundprinzip des Händel-Oratoriums vollständig unmöglich machen. Den Charakter der Erhabenheit sollen die Werke von dem H ö c h s t e n, von J e h o v a, dem wirklichen Lenker der Geschicke erhalten, wie ich oben gezeigt habe, und diese Erhabenheit bildet stets den Hintergrund des Ganzen. Die Einführung eines zweiten erhabenen Prinzips würde aber einen Dualismus erzeugen, welcher eine d r a m a t i s c h e Gestaltung unmöglich macht.

Auch in „Athalia" bildet der Kampf des Heidentums, welches in der ersten Szene, ähnlich wie in Debora, ganz wunderbar gezeichnet ist, gegen Israel, dem Jehova den Sieg verleiht, den Gegenstand der Darstellung. Die einzelnen Personen, welche diese Ideen verkörpern und entwickeln, eignen sich sämtlich prachtvoll zu dramatischer Behandlung im obengenannten Sinne und geben die Möglichkeit zu den herrlichsten Gegensätzen und Stimmungen.

Händel schrieb das Werk für einen feierlichen Universitäts-Aktus in Oxford, und dort wurde es am 5. Juli 1733 aufgeführt.

In London gelangte das Werk zum ersten Male in der Fastenzeit 1735 zur Aufführung. Während der einzelnen Teile oder, wo sonst Gelegenheit war, spielte Händel Orgelsoli, entweder Improvisationen oder, wenn er dazu nicht in Stimmung war, auch nach Noten. Diese Vorträge fanden begeisterte Aufnahme und wurden von Händel auch später beibehalten. Sie sind wohl auch die äussere Veranlassung gewesen zu den im Jahre 1735 zum Teil erschienenen „O r g e l k o n z e r t e n ". In der Form gleichen diese den „Sinfonien", welche die Oratorien einleiten, sind also zumeist dreiteilig. Der erste Teil hat gewöhnlich Ouverturenform, der zweite Lied-, der dritte Menuett- oder sonstige Tanzform. Kurze, überleitende Sätze verbinden die Hauptteile. Oefters sind diese nicht ausgeführt, sondern durch ad libitum bezeichnet. Hier ist dann dem Spieler Raum gegeben für seine Improvisation. Aber auch in der geschriebenen Solopartie ist vieles nur angedeutet, und wie der Sänger seinen Part nach Bedürfnis ausstattet, so muss hier der Organist frei verfahren, bald vollgriffiger spielen, bald Mittelstimmen einfügen, hier Pedalbässe, dort Kadenzen hinzufügen. Man darf nie aus dem Auge lassen, dass die Stücke „K o n z e r t e " sind, die auch einen Gegenstand des „Wettstreits" verlangen. Diesen Gegensatz bildet das Orchester, welches in geradezu entzückender Weise und meist bedeutungsvoll dem Solopart entgegentritt und diesen so von selbst zwingt, ebenfalls alle Kunst, alle Fertigkeit aufzubieten, um in diesem Wettstreit zu siegen. Man kann nicht von Orgelmusik reden, ohne dabei an Bach zu denken, umsomehr, als es sich um Händel handelt, dessen Name fast stets mit dem Bachs in einem Atem genannt wird. Aber auch hier wieder, welch gewaltiger G e g e n s a t z ! Bei Bach alles in sorgfältigster Ausführung bis ins kleinste Detail; bei Händel vieles nur angedeutet, überall aber der grösste Spielraum für den Ausführenden.[69]) Bachs gesamte Kunst hat ihren Kern in der O r g e l m u s i k. Von ihr ausgehend, verstehen wir erst die übrigen Werke dieses Grossmeisters; Händels ganzes Schaffen geht von der O p e r aus, und der Stil der d r a m a t i s c h e n Kunst ist auch den I n s t r u m e n t a l s a c h e n eigen. Bachs Orgelwerke sind tiefsinnige Werke, entsprungen einer innerlich unendlich vertieften religiösen Weltanschauung, unerschöpflich an herrlichen Ideen und Stimmungen; die Händels sind glänzende Offenbarungen eines universalen Geistes, der seine herrlichen Gedanken hier der Orgel anvertraut, weil er sie ihrem Ton- und Klanggehalt nach nur diesem Instrument anvertrauen konnte. In diese Periode fällt auch die Veröffentlichung der sechs ersten Oboekonzerte[70]), ebenso die eines Hefts Klavierstücke zugleich mit sechs grossen Fugen. Wie schon erwähnt, bildete den Schlussstein dieser traurigen Zeit eines der glänzendsten Werke des Meisters, das „Alexander-Fest" oder die „Macht der Tonkunst".

Mag man nun Drydens Ode[71]) als Dichtung überschätzen und sie, wie es Taine tut,[72]) „eine bewundernswerte Fanfare nennen, wo Metrum und Ton die Erregungen der Geistes den Nerven mitteilen, ein Meisterwerk der Begeisterung und Kunst", oder es mit Engel[78]), in unterschätzender Weise, als „eine Aneinanderreihung klangvoller Worte ohne einen Funken echten Gefühls" ansehen, eines ist sicher: es gibt kaum ein Gedicht, welches durch und durch musikalischer ist, und welches weniger der Musik entbehren kann. Es schreit nach Musik, aber nach dramatischer. Diese reichen und prächtigen, durch Gegensätze doppelt wirkungsvollen Szenen und Bilder, — der jubelnde, begeisterte Sang an Bacchus, den Freudenbringer, welcher den König in Begeisterung setzt; das ernste Klagelied, welches alle zu innigstem Mitleid rührt; dann das süsse Liebeslied an Thais, der plötzliche gewaltige Umschwung „Gieb Rach', sieh, die Furie naht", der Aufbruch der Schar, die lodernden Fackeln, die trunkene Wut der Krieger, die liebreizende Thais an ihrer Spitze, dann wieder das plötzliche Besänftigen bei dem Erscheinen des Himmelsbildes, „Da kommt Cäcilia engelgleich" — diese Szenen, den durch sie hervorgerufenen plötzlichen Wechsel der Stimmung von dem Taumel der Lust bis zum tiefsten Schmerz im Menschen zu schildern, das kann nur eine Kunst, die Musik, aber auch dann nur, wenn ein Genie wie Händel das Szepter führt. Wie der Meister hier die Farben mischt, um Bilder von höchstem dramatischen Leben zu schaffen und sie mit nie gehörtem Klangzauber zu umspinnen, lässt sich nicht beschreiben.

Und derselbe Mann, dessen Geist hier das Herrlichste geschaffen, er war durch all das Unglück, welches ihn getroffen, körperlich gebrochen und musste in Bädern Heilung suchen. Er ging nach Aachen. In merkwürdig kurzer Zeit war er wieder hergestellt, nachdem er allerdings die Kur in einer Weise gebraucht, an der ein gewöhnlicher Sterblicher zu Grunde gegangen wäre. Dreimal so lange, als es Vorschrift war, verweilte er im Bade.

Händel war noch nicht lange zurückgekehrt und bereits fleissig mit der Komposition einer neuen Oper „Faramondo" für Heideggers inzwischen neu gegründetes Theater beschäftigt, da starb die Königin Caroline, von der Carlyle so treffend sagt: „Selten hat ein törichter Mann ein gescheitere Frau gehabt." Zu der Trauerfeierlichkeit schrieb Händel innerhalb fünf Tagen eine „Trauerhymne", welche durch ihre wunderbar tiefe Stimmung und seltenes Ebenmass der Gestaltung gleich ausgezeichnet ist. Kretzschmar nennt sie treffend: „eine durch Weichheit, Zartheit und edle Herzlichkeit ausgezeichnete Nänie, ganz dem Charakter der guten, milden, wohltätigen Frau entsprechend".

Nachdem die Oper „Faramondo" im Januar 1738 gegeben war, folgte bald eine neue, „Serse", sowie eine dritte, „Alessandro Severo", die aber meist aus früheren Werken zusammengestellt ist, ein sogenanntes Pasticcio. Noch von drei Opern wird uns berichtet, die Händel bis zum Jahre 1740, bis zu der Zeit, wo er sich ausschliesslich dem Oratorium zuwandte, geschrieben: „Jove in Argo", „Imeneo" und „Deidamia".

Fragen wir nach der Bedeutung der Stellung, welche Händels Opern in der Kunstgeschichte einnehmen, so muss man zugestehen, dass sie trotz ihres hohen musikalischen Wertes nicht von umwälzender Bedeutung geworden sind, ebensowenig wie nachher Mozarts unsterbliche Bühnenwerke. Sie bezeichnen vielmehr den glänzenden Höhepunkt der grossen Epoche der italienischen Oper. Dem dramatischen Empfinden unserer Zeit stehen sie fern. Die Häufung der Arien, die vielen Seccorecitative, vor allem der Mangel an dramatisch belebten, musikalisch durchgeführten Ensembles, stehen ihrer Wiederbelebung entgegen. Dass eine solche aber trotz allem möglich wäre, wenn nur ein Bearbeiter, wie Chrysander, sich ihrer annähme, wage ich zu behaupten. Eines aber muss betont werden: das wirkliche Verständnis für die oratorischen Werke Händels wird niemand vollständig erlangen können, der nicht auf dem Wege durch seine Opern bis zu diesen vordringt und sie von diesem Standpunkt aus beurteilt.

Wir kehren zurück zum Jahre 1738. Händels finanzielle Lage hatte sich unterdessen stets verschlimmert. Die Gläubiger drängten, der Gatte der Signora Strada drohte sogar mit Schuldhaft. Da gab Händel dem Drängen seiner Freunde nach und veranstaltete ein Konzert, welches ihm eine Einnahme von 800 £ brachte. Der Adel hielt sich zwar fern, aber Händel hatte doch noch eine grosse Menge Anhänger, besonders im Mittelstande. Auch unter den hervorragenden Geistern waren ihm Pope, Gay und viele andere treu geblieben. Sein intimster Freund, der Dr. Arbuthnot, war leider seit einigen Jahren tot. Noch eine Genugtuung sollte Händel haben. Kurze Zeit nach diesem Konzert, im April, errichtete der Besitzer von Vauxhall,[74]) Jonathan Tyers, dem Meister eine Statue, welche der berühmte Bildhauer Roubiliac angefertigt hatte und welche heute noch existiert.

Wohl kein Jahr ist so reich an Grosstaten des Meisters, als das folgende, das Jahr 1739. Bereits im Januar mietete Händel das Haymarket-Theater für wöchentliche Aufführungen von Oratorien. Seit diesem Jahre haben solche dann jährlich in der Fastenzeit stattgefunden. Das erste der in diesem Rahmen aufgeführten neuen Werke war das Oratorium „Saul". „Die Geschichte dieses unglücklichen Königs, richtig betrachtet, enthält und lehrt", wie Chrysander treffend sagt,[75]) „nichts weiter, als dass es im letzten Grunde nur der Mensch selber ist in seinem Charakter und in seiner Leidenschaft, der sich sein Schicksal bereitet. Dss war der Punkt, an den der so tief menschlich und dramatisch empfindende Händel sich hielt; von hier aus baute er sein Oratorium auf. Denn Sauls Untergang und mit ihm der seines Hauses wurde hauptsächlich dadurch herbeigeführt, dass er den jungen David nicht an sich zu ketten wusste." Eifersucht und Neid gegen David nisten sich fest in des Königs Herz, und so eilt er dem Verderben entgegen. Von Jehova verlassen, wendet er sich an die finsteren Mächte der Unterwelt. Und wie er stürzt, zieht er sein Haus und Israel nach sich. Jehova ist ein gerechter Gott und verlangt Rache an denen, die gegen ihn aufstehen, aber indem er straft, zeigt er dem Volke auch bereits den Retter in David. Das ungemein grosse Werk hat musikalische Schönheiten in solcher Menge, dass man mit Aufzählen ein Buch füllen könnte;

ich erwähne nur den ergreifenden Klagechor, den Chor „Weiche, höllgebor'ner Neid" mit seinem dröhnenden Basso ostinato, den malerischen, wilden Satz „Nie ward der Adler rasch wie sie", ferner die hochdramatische, unheimliche Szene bei der Hexe von Endor und hier vor allem die Erscheinung des Geistes Samuels. Mit hervorgerufen wird in dieser Szene die düstere, schwüle Stimmung durch die ganz eigenartige Instrumentation, in der zwei führende Fagotts das Kolorit geben. Ueberhaupt ist die Instrumentation eine selten reiche. Neben den reich verwandten Trompeten spielen hier in einer Reihe von Chören drei Posaunen eine grosse Rolle. Es ist das erstemal, dass diese Instrumente in der Partitur erscheinen. Und noch ein seltenes Instrument verwendet Händel hier, das „Glockenspiel", und gibt damit (in Verbindung mit  Geigen und Orgel) dem Reigen der Jungfrauen eine geradezu entzückende Färbung. Der grandiose T r a u e r m a r s c h in C-dur ist allgemein bekannt. —

Kaum vier Wochen sind nach der Beendigung des Saul verstrichen, so steht Händel schon wieder mit einem Werke da, welches an Riesenhaftigkeit der Dimensionen alles bisher Dagewesene überbot. Es war das Oratorium „I s r a e l i n E g y p t e n". In 27 Tagen ist das Werk mit seinen Chorpyramiden entstanden. Das ist kaum glaublich, selbst wenn man weiss, dass Händel die grösste Zahl der einzelnen Stücke aus früheren Werken gestaltete, ja selbst aus Erbas Magnificat[76]) eine Fülle von Material in sein Werk herübernahm.

Die Art, wie Händel bei solcher Umgestaltung verfährt, wie er selbst einen fremden Gedanken so umprägt, dass er zu echtem Golde wird, ist an und für sich so genial, dass man nicht weiss, ob man bei ihm mehr die eigene, unerschöpfliche Erfindungskraft oder die Kunst, einen fremden Gedanken so in sich zu verarbeiten, dass er in seiner eigenen Individualität aufgeht, anstaunen soll.

Ich habe bereits erklärt, warum Moses nicht zum Helden dieses Werkes zu gebrauchen war. Die einzig richtige Darstellung durfte hier nur die erzählende sein. Für die Schilderung der gewaltigen Ereignisse aber konnte in erster Linie nur der Chor in Betracht kommen. Daher verschwinden die Soli in diesem Werke den Chören gegenüber fast ganz.

Was noch in diesem Werke besonders deutlich und zahlreich in die Augen fällt, das ist die T o n m a l e r e i, die wir bisher nur flüchtig berührt haben.

Die Kunst, in Tönen zu m a l e n, ist sicher so alt, wie die Musik selbst. Der gregorianische Gesang bietet bereits herrliche Beispiele. Um zu sehen, was die N i e d e r l ä n d e r darin leisteten, braucht man nur die deutschen Lieder des Orlandus Lassus durchzugehen oder die derb realistischen musikalischen Gemälde Jannequins. Dass die Musik imstande ist, Vorgänge in der Natur darzustellen, steht ausser allem Zweifel; nicht minder die Berechtigung dazu. Sie muss nur bei ihren Darstellungsmitteln bleiben und sich darauf beschränken, die S t i m m u n g einer solchen Scene wiederzugeben. Um aber z. B. das Murmeln des Baches zu malen und sein unruhiges Dahineilen, das unbestimmt rollende Rauschen, bedarf die Musik einer a n a l o g e n B e w e g u n g. Den ruhig dahingleitenden Fluss hinwiederum kann ein einziger langer Ton stimmungsvoll darstellen, wie es Händel in der Jordan-Arie der Esther tut. Hier in Israel ahmt er die summenden, schwirrenden Fliegen nach durch auf- und abwärts eilende schnelle Gänge der Geigen, das Hüpfen der Frösche durch

eine springende Figur, und erreicht bei aller
Realistik damit, dass er diese nachgebildeten
Naturlaute zugleich zu musikalischen
Motiven entwickelt, Stimmungsbilder un-
vergleichlicher Art.
Wo die Grenze zu ziehen ist zwischen blosser Nach-
ahmung von Naturvorgängen und Naturlauten und künstlerisch berechtigter Stimmungsmalerei, ist schwer zu sagen. Unsere grossen Meister haben sich glücklicherweise nicht um die Gesetze, welche ihnen die Gelehrten auf- drängen wollten, gekümmert, sondern ihre Musik frisch vom Herzen strömen lassen; dieser naiven Sorglosigkeit sind nun auch oft inbezug auf Tonmalerei Sachen entsprungen, die vor dem Gesetze der strengen Aesthetik nicht bestehen mögen. Der Realismus in Haydns Jahreszeiten, die Vogelstimmen in der Pastoralsinfonie, nicht minder die angeführte Malerei in Israel mögen vielleicht in diesem Sinne die Gesetze übertreten, aber wer möchte deshalb auch nur eine Note dieser Meisterwerke anders wünschen? Es gibt in der Kunst ein Gesetz, welches über allem steht, ein Gesetz, welches der gottbegnadete Meister diktiert: das ist das Gesetz des Gefühls. Mit Goethe darf man hier sagen: „Gefühl ist alles!" und jedes Raisonnement vom Bösen und überflüssig.

Ich habe vorhin zwei Beispiele aus Israel angeführt, in denen die Ton- malerei mehr im äusserlichen Sinne durch analoge Bewegung sinnfällige Bilder des Aussenlebens in uns wachruft, ohne zugleich eine tiefere Stim- mung hervorzurufen, oder gar eine solche zu bezwecken. Solche Tonmalereien, zu denen auch das Bild des prasselnden Hagels hier gehört, erzeugen in uns Vorstellungen durch Bewegungsnachahmung. Ungleich höher steht aber die Art der Tonmalerei, in welcher der Meister mit dem Erwecken einer Stimmung plötzlich, durch Verdichtung dieser, eine Empfindung gewisser- massen materialisiert. Gerade darin ist Händel einer der Grössten. Zu solchen Bildern rechne ich die Malerei des „Erstarrens der Tiefe im Herzen der See", die unheimliche Schilderung der nächtlichen Finsternis. Die Bedeutung und Notwendigkeit der Tonmalerei für die dramatische Musik über- haupt brauche ich wohl kaum zu erwähnen.

Sowohl Saul als Israel vermochten es zu keinem rechten Erfolge zu bringen. Sie überragten das musikalische Fassungsvermögen des Publikums allzusehr. Dazu kam, dass die Tonangeber, welche dem Kunstgeschmack Ge- setze vorschreiben zu können glaubten, die Händelsche Musik mit Beharrlichkeit verhöhnten. Man scheute sich nicht, den König wegen seiner Anhänglichkeit an diese Musik lächerlich zu machen. Lord Chesterfield verliess einst ostentativ das leere Theater: „er wolle sich nicht in die intimen Privatgenüsse seines Souveräns drängen", gab er als Grund an. Der Minister Walpole, der sich stets auf den Kunstkenner herausspielte, dessen kaltes Herz und schlechter Geschmack aber wahre Vortrefflichkeit meist nicht zu würdigen verstanden, rümpfte die Nase über Händel, wie später über Garrick, und so gehörte es förmlich zum guten Ton, Händels Musik zu verspotten.[77])

Händel liess sich aber durch nichts beirren, auf dem betretenen Wege fortzufahren; er war sich seiner Mission klar bewusst.

Neben einer zweiten Sammlung T r i o's erschienen in diesem denkwürdigen Jahre noch zwei Werke von höchster Bedeutung: die „Kleine Cäcilien-Ode" und die „Concerti grossi". Diese Cäcilien-Ode ist ebenso wie das Alexander-Fest von Dryden gedichtet und wie dieses eine Verherrlichung der Musik. Gerade dieses kleine, aber prächtige Werk ist in einer Beziehung noch besonders interessant. Ich erwähnte bereits, dass Händel, so oft er Instrumente verwendet, stets den Klang als F a r b e auffasst, aus dem K l a n g e h e r a u s e r f i n d e t und so statt einfacher Z e i c h n u n g farbenprächtige G e m ä l d e erzielt. Diese Kunst der Individualisierung des Klanges dient ihm in diesem Werke geradezu als Grundgedanke. Die einzelnen Instrumente treten förmlich als lebende Wesen auf und schildern sich selbst. Da singt von Schlacht und Sieg, Zorn und Kampfesmut die T r o m p e t e, begleitet von „der Trommel donnerndem Geroll"; „der F l ö t e Klageton hinsterbend singt den Jammer hoffnungsloser Liebe, sanft flüsternd in der L a u t e Schlag"; von heisser Liebe und Sehnsucht, tiefster Qual, Verzweiflung, Eifersucht und höchstem Leiden singt die „ h e l l e G e i g e "; alle überragt der „ O r g e l heil'ger Klang". Jedes dieser Instrumente tritt in einem Stück solistisch auf und sucht seinen Klangcharakter zu erschöpfen. In diesem Sinne ist das Werk besonders l e h r r e i c h. Das sind auch die „ C o n c e r t i g r o s s i", was die technische Behandlung der S t r e i c h e r betrifft. Dem Grosso, d. h. dem Gesamt-Streichorchester, steht ein Concertino von zwei Geigen und Violoncello gegenüber, welches mit dem Grosso in regelrechten Wettkampf tritt. Händel hat stets die Mittel, die ihm zu Gebote standen, auch e r s c h ö p f e n d benutzt; er konnte es, da er sie, wie keiner, beherrschte. Daher geben uns seine Werke auch am besten ein Bild von dem Stande der Technik jener Zeit; selbst in diesem Sinne übertreffen sie weit in ihren Anforderungen jene berühmten Concerti grossi von Corelli (herausgegeben von Chrysander). Auch hier ist wieder zu bemerken, dass die Spieler des Concertino sich stets erlaubten, ihren Part an geeigneter Stelle auszuschmücken, und dass es sich bei der Wiedergabe nicht um sklavisches Abspielen der Noten allein handelte.[78])

Händels Schöpferkraft ist schier unergründlich. Bereits im Januar 1740 schreibt er innerhalb 17 Tagen ein neues Oratorium: „ L ' A l l e g r o, I l P e n - s i e r o s o e d i l M o d e r a t o " (Frohsinn, Schwermut und Mässigung).

In den beiden ersten Teilen stehen sich „Frohsinn" und „Schwermut" gegenüber und streiten um den Vorrang. Jeder Teil sucht seine Ueberlegenheit darzutun, indem er eine Reihe B i l d e r aus seinem Reiche hervorzaubert, die in ihrer Mannigfaltigkeit, ihrem köstlichen Humor auf der einen Seite, dem wehmütigen Ernst auf der andern unübertrefflich sind. An reizender T o n m a l e r e i übertrifft es alle anderen Werke Händels, in manchen Sätzen glaubt man ein Vorbild zu Haydns ewig jugendlichen Jahreszeiten zu haben. Der dritte Teil „il Moderato", der das μηδὲν ἄγαν predigt, fällt gegen die beiden ersten in der Wirkung etwas ab. Händel selbst ersetzte ihn bei einer Aufführung einmal durch die Cäcilien-Ode.

Die misslichen Verhältnisse, vor allem die Verständnislosigkeit, welche Händels Werken entgegengebracht worden war, liessen ihn den Entschluss fassen, London zu verlassen und für einige Zeit dorthin zu gehen, wo seine Werke „ausserhalb des Bereichs von Feindschaft und Vorurteil sein würden".

Schon wieder hatte er ein neues gewaltiges Werk vollendet, wollte sich aber offenbar in London nicht noch weiteren Misserfolgen aussetzen und fasste daher den Entschluss, dasselbe zum ersten Male in D u b l i n aufzuführen.[80])
Am 18. November 1741 traf er dort ein und war bald der Mittelpunkt des musikalischen Lebens. Es gab in Dublin bereits eine blühende musikalische Gesellschaft, die aber nur Konzerte zu wohltätigen Zwecken veranstaltete; man versprach, Händel in seinen Konzerten zu unterstützen, unter der Bedingung, dass dieser noch ein besonderes Konzert veranstalte, dessen Ertrag den wohltätigen Anstalten anheimfalle. Händel war einverstanden. Die Konzerte begannen und fanden ungeheuren Beifall. Händel selbst schreibt darüber in einem Briefe an Jennens: „Der hohe Adel erwies mir die Ehre, unter sich eine Subskription auf sechs Abende zu veranstalten, und diese Subskription füllte jedesmal einen Raum, der 600 Personen fasst, so dass ich nicht ein einziges Billett an der Kasse zu verkaufen brauchte, und ich darf ohne Ruhmredigkeit sagen, dass die Aufführung mit allgemeiner Anerkennung aufgenommen wurde.... Ich kann die gütige Behandlung, die ich hier erfahre, nicht genugsam schildern. Allein die gute Lebensart dieser edelmütigen Nation kann Ihnen nicht unbekannt geblieben sein; so mögen Sie selbst urteilen, welche Befriedigung ich hier geniesse, da ich meine Zeit mit Ehre, Nutzen und Vergnügen zubringe."

Nun kam der Tag, an dem Händel seinen Dank abzustatten hatte durch das Wohltätigkeitskonzert. Und fürwahr, ein Geschenk, so reich, so herrlich, wie er es auf dem Altar der Nächstenliebe opferte, hat nie vor, noch nach ihm ein Mensch je gespendet. Es war der „ M e s s i a s". Am 8. April hatte die Hauptprobe stattgefunden, der Tag der ersten Aufführung war der 13. April. Die Chöre von St. Patrick's Cathedral und von Christ's Church wirkten dabei mit und Mrs. C i b b e r und Mrs. A v o l i o als Solisten. Der Vizekönig, der Erzbischof von Dublin, die Hauptmitglieder vom Trinity College und die meisten übrigen Würdenträger des Staates und der Kirche waren anwesend; der Erfolg war überwältigend und spontan. Der Zudrang war so stark, dass man die Damen öffentlich bitten musste, ohne Reifröcke zu erscheinen.[79])

Dass Händel im Messias diesen nicht persönlich einführte, sondern, wie in Israel, die geschichtliche Handlung erzählen lässt, wird uns nach den vorhergegangenen Erörterungen über die Grundzüge des Händel-Oratoriums sofort als das einzig E n t s p r e c h e n d e erscheinen. Das Verhältnis der Solostimmen untereinander und zum Chore ist so, dass keiner der Faktoren das Uebergewicht über den anderen erhält. Das Orchester ist auffallend einfach behandelt, wohl aus dem natürlichen Grunde, weil die Dubliner Orchesterverhältnisse nicht so reich waren, wie die Londoner; vielleicht waren es aber auch innere Gründe, welche ihn zu der Schlichtheit in der Instrumentierung veranlassten. Die Dichtung des Werkes stammt von Jennens, doch hat Händel selbst sicherlich bei der ganzen Anlage und Verteilung des Stoffes mitgewirkt.

Der Messias war stets und ist heute noch von allen Händel-Werken das bekannteste und meist aufgeführte. Diese Bevorzugung mag ihren Grund einerseits in der Wahl des Stoffes haben: sind es doch Bilder, die von der Kindheit Tagen her jedes Herz gefesselt halten und noch besonders stark berühren, wenn sie z. B. am Charfreitage sich vor uns entrollen. Sie stehen besonders unserer Zeit entschieden näher, als die Helden des alten Testaments.

Dazu kommt nun noch die Ebenmässigkeit der musikalischen Gestaltung, die unendliche Tiefe und Prägnanz der musikalischen Gedanken, der unerhörte Reichtum an verschiedenartigen Stimmungen. Man denke nur an das Bild der **Geburt Christi** — kein Dürer, kein Correggio hat uns die **heilige Nacht** rührender und herzinniger geschildert; und was bedeutet Renis Ecce homo gegen das Bild des erhabenen „**Schmerzen-Mannes**" im Messias, und was soll man der Schilderung der **Herrlichkeit Gottes** an die Seite stellen, dem mächtigen, alle Welt durchdringenden Hallelujah — nur ein **Michel Angelo** hätte hier den Kampf mit dem Meister aufnehmen können. Es gibt nicht viele Werke, bei deren Anhören man glaubt, die Stimme des Herrn zu hören, wie er einst zu Moses im Feuer sprach: „Ziehe deine Schuhe aus; der Ort, wo du stehst, ist heilig!" Es gibt nicht viele Werke, die dieses Gefühl des heiligen Schauers, als stehe man vor der Gottheit, erregen; ich kenne nur drei: den **Messias**, **Beethovens Hohe Messe** und in **Wagners Parsifal** die Abendmahlsszene.

Das Wort des Heilands: „Kommt alle zu mir, die ihr elend seid, ich will euch erquicken" — Händels Messias hat es von neuem zur Wahrheit gemacht. Kein Kunstwerk hat je mehr Tränen getrocknet, keines mehr Elend gemildert.

In London kam es erst 1743 zur ersten Aufführung. In seiner ganzen Grösse begriffen wurde es erst 1750. Händel führte es seit dieser Zeit jährlich auf zum Besten des Findelhauses, für das er stets eine offene Hand hatte. Er wurde sogar später einer der Kuratoren und schenkte der Anstaltskirche eine neue, prächtige Orgel. Die Messias-Aufführungen brachten bereits in wenigen Jahren die Summe von über 7000 £ ein. Kurz vor des Meisters Tode wollten sich die anderen Kuratoren den Messias sichern. Sie kamen zu Händel und schlugen ihm vor, ihnen das alleinige Recht der Aufführung durch eine **Parlamentsakte** zu übertragen. Das war aber nicht nach des Meisters Sinn. In seiner derben geraden Art fährt er die Herren in deutschenglischem Sprachgemisch an: „Te Deivel, for wat sal de Foundling put mein Oratorio in de Parlament? Te Deivel! mein music sal not go to de Parlament." Das Findelhaus erhielt von Händel auch eine Kopie der Messias-Partitur.

Dem Messias folgte nach kaum sechs Wochen ein neues Oratorium, „Samson". Das Werk führt uns den Helden nicht im Glanze seines Kriegsruhms vor, sondern in seiner Erniedrigung. Aber trotz seines Elends, trotz seiner Blindheit ist er ein stolzer Held. Einen Wunsch hat er nur: „Kehrt mir die Stärke nur einmal noch zurück, dann lehr' ich sie (die Philister) Jehovas Macht und Kraft; ihr falscher Gott soll vor dem wahren flieh'n, wie leichte Spreu vom Sturme hingeweht." Nicht um sich selbst sorgt er; seine Mission, die ihm auferlegt war, will er trotz allem erfüllen; Jehovas Macht soll über die falschen Götter der Philister triumphieren. Bei keinem Helden der israelitischen Geschichte liegt die Gefahr näher, ihn im Sinne der griechischen Tragödie zu behandeln, als bei Samson: er fordert den Vergleich mit Ajas förmlich heraus. Seine Schuld liegt ebenso klar zutage, wie bei jenem, und ebenso bricht er in Klagen über sein Leid aus. Der Schuld folgt bei Samson die Sühne durch den Tod, mit dem er zugleich „Werk und Weise, die ihm bestimmt, erfüllt". Und doch ist Samson ein echt israelitischer Held, dem gerade das fehlt, was für den Helden der antiken Tragödie bezeichnend ist: die Notwendigkeit, die Macht des Schicksals. Samsons Schuld ist eigentlich nur eine Episode in seinem Leben, welche die Erfüllung einer Aufgabe, wie sie ihm von Anfang seiner Laufbahn an klar vorgezeichnet ist, verzögert, in dem Augenblicke aber, wo eine neue Gelegenheit sich ihm bietet, fasst er seine Mission in derselben Weise auf, wie vorher, und führt sie auch glorreich zu Ende. Dass er schliesslich mit zugrunde geht, hat nicht sowohl den Charakter einer Sühne, vielmehr ist es Jehova, der seinen Tod bestimmt, wie er einst Moses strafte, indem er ihn in der Wüste sterben liess. Mit Recht sagt daher Chrysander (wenn er von Jephta spricht:[80]) „Der Grieche, den die Macht des Schicksals in das Verderben reisst, ist eine Tragödien-Gestalt; der Hebräer, für den Gott und göttliches Gesetz unerschütterlich, stets erkennbar und über allen Zweifel erhaben bestehen bleiben, ist eine Gestalt für das Oratorium, die das Leben, wie zerrissen und dissonierend es auch im einzelnen sein möge, doch auf erhabene Weise als Ganzes in Harmonie auflöst." Wie scharf Händel dies erkannte, zeigt jede Linie dieses hochdramatischen, herrlichen Werkes.

Dem Samson folgte als nächstes Werk das im Juni desselben Jahres komponierte Oratorium „Semele". Enthielte es nicht die auch heute als Konzertstück häufig gesungene, wirkungsvolle Szene: „Erwach', Saturnia", die wenigsten Menschen würden es wohl überhaupt dem Namen nach kennen. Vielleicht ist es der Stoff, der in dieser Gestalt selbst einem Händel Fesseln anlegte. Trotz allem enthält das Werk besonders in den Solostücken eine ganze Reihe hervorragender Stücke, z. B. das „Wehe mir, die nun zu spät bereut" der Semele, Jupiters Klage: „Weh, wohin eilt sie". Und wenn Juno den Somnus, den Gott des Schlafes, mühevoll weckt und dieser gähnend, langsam und schlaftrunken anhebt: „Lass mich, widrig Licht; umgib mich, dunkle Nacht; Lethe, murmle wieder mich zur Ruh'", da könnte man fast glauben, Richard Wagner habe dieses Stück als Vorbild für den Anfang der Drachenszene im Siegfried gedient.

Während Händel Heldentaten des Friedens vollführte, loderte auf dem Kontinent fast allenthalben die Kriegsfackel. Auch England sandte Heere dorthin, um seine Interessen zu verfolgen. So sehen wir sie verbündet mit Holländern, Hessen, Oesterreichern und Hannoveranern am 14. Mai 1743 über den Rhein ziehen. Bei Aschaffenburg treten ihnen die Franzosen entgegen und bedrängen sie so, dass ihre Lage eine sehr missliche wurde. Da erscheint König Georg II. bei der Armee, in Begleitung des Herzogs von Cumberland. Bei Dettingen kommt es zu einer Schlacht am 27. Juni, und die Alliierten erringen einen glänzenden Sieg. Am 27. November wurde dieser Sieg, den der König natürlich seinem Eingreifen zuschrieb, in London in der königlichen Kapelle zu St. James gefeiert. Zu dieser Feier hatte Händel in seiner Eigenschaft als Hofkomponist ein Te Deum geschrieben, welches unter dem Namen des „Dettinger Te Deum" allgemein bekannt geworden ist. Dem äussern Anlass entsprechend ist es prächtig und glänzend gehalten. Gleich den Anfang macht eine mächtige Fanfare, von Trompeten, Pauken und allen übrigen Instrumenten in Einklang vorgetragen, und noch einmal treffen wir eine ähnliche Fanfare für die Trompeten allein. Ueberhaupt spielen die Trompeten eine grosse Rolle in diesem Werke, ihnen zu Liebe herrscht die Tonart D-dur vor, der damals beliebtesten und gebräuchlichsten Trompetenstimmung entsprechend.

Kaum sind die Klänge des Te Deums verrauscht, so sehen wir den Meister bereits wieder bei einem neuen Werke. Es war das Oratorium: „Joseph und seine Brüder". Auf die Grossartigkeit der Erkennungsszene habe ich bereits früher hingewiesen, sie bildet den Kernpunkt des Ganzen. Die Art, wie Händel diese Szene vorbereitet, ist einzig an dramatischer Kraft. Das Werk wird mit Unrecht nur wenig beachtet. Um es unserm Geschmack anzupassen, würde bei ihm besonders eine Bearbeitung in der Art, wie ich sie bei Esther und Debora beschrieben, von nöten sein; dann dürfte aber auch eine grosse Wirkung sicher nicht ausbleiben. Der Text von James Miller ist in jeder Beziehung vorzüglich. Aufgeführt wurde sowohl dieses Werk, als auch Semele, im Anfang des Jahres 1744.

Auch dieses Jahr bringt uns zwei der herrlichsten Werke Händels. Das Oratorium „Belsazar" und den „Herakles", die Krone der weltlichen Oratorien.

Die Dichtung des Belsazar ist von Jennens mit feinstem kultur- und sittengeschichtlichen Verständnis geschrieben. Den Grundton bildet wieder der Kampf der beiden Gottesanschauungen. Diesesmal bedient sich aber Jehova nicht des eigenen Volkes, um seine Macht kund zu tun. Das Mass der Sünden der alten Stadt Babylon war voll, und um sie zu vernichten, beruft Jehova die Perser: „So sprach der Herr zu Cyrus, dem Gesalbten: Ich will vor dir schreiten, zu lösen das Schwert vom Gurte mächt'ger Fürsten, zu ebnen krumme Pfade, zu zertrümmern die Tore von starkem Erz zu der Meinen Heil. Ich bin der Gott, und keiner sonst."

Es treten somit drei Elemente hervor in der Handlung, die Händel alle aufs schärfste getrennt durchführt: der frivole, übermütig sorglose Sinn und Charakter der Babylonier, wie er gleich in dem Spottchor zu Anfang, mehr aber noch bei dem wilden Festestaumel im 2. Akt erscheint; an der Spitze dieser Horde Belsazar, der gotteslästerische Fürst; diesem gegenüber der mächtige, stolze und edle Cyrus, der Perser König, und sein Heer. Wohl steht er im Dienste Jehovas, und dieser Umstand zwingt auch Händel, die Charakterisierung der Perser in vornehmer, selbstbewusster Weise durchzuführen; aber die Perser gehören nicht zu dem auserwählten Volke Jehovas, welches diesen in seiner ganzen Erhabenheit kennt, und deshalb ist der

Charakter des Erhabenen nur den Gesängen der Israeliten und des Hauptvertreters derselben, Daniel, eigen. Zu den dramatischsten Partien gehört unstreitig die Festszene des 2. Aktes. Der Taumel steigt auf's Höchste. Belsazar lästert Gott! Da plötzlich erscheint die unheimliche Flammenschrift, durch eine einfache, kurze, chromatische Figur der Geigen von durch Pausen unterbrochenem Rhythmus geradezu unheimlich gemalt. Lautlos verschwindet sie. Dem König ist das Wort auf den Lippen erstorben. Fahlen Angesichts, stieren Blicks schaut er die Erscheinung, um dann mit einem Schrei zusammen-

zubrechen. Das ist einer von den Momenten höchster dramatischer Spannung, wie sie selbst bei den grössten Meistern nur selten auftreten, — ein Moment, wie der Eintritt des Trompetensignals in Beethovens Fidelio. Die Musik hört auf, ein Darstellungs-Mittel zu sein; sie wird zur lebendigen Tat! —

Die Krone der weltlichen Oratorien Händels ist der „Herakles". Der Text ist von Thomas Brough'ton, einem Geistlichen, verfasst. Er stützt sich nach des Verfassers eigener Angabe auf die Geschichte des Herakles und der Dejanira, wie Ovid sie im IX. Buch der Metamorphosen schildert, dieselbe, welche auch Sophokles in seinen Trachinierinnen behandelt hat. Man kann den Text geradezu eine Umdichtung des Sophokleischen Stückes nennen, eine vorzügliche, freie Umdichtung, in den Geist der Händelschen Zeit versetzt. In welchem Sinne das zu verstehen ist, habe ich bereits ausführlich gezeigt. Die Grundauffassung des Helden ist bei beiden Dichtern dieselbe. Nicht als der ungefüge, athletenhafte Mensch, der in der Ausnutzung seiner brutalen Kraft auch seine ganze Lebensaufgabe erblickt, wie ihn Glykon im farnesischen Herakles gebildet, erscheint er uns hier, sondern als herrlicher, siegreicher Held. Herakles ist — gleich unserem Siegfried — in der ältesten Sage ein Sonnengott, wie Apollo, und gleich diesem versteht er auch die Leier zu schlagen, jenes Instrument, welches zum Symbol der Ordnung im Weltall dient. So ist Herakles auch bei Händel aufgefasst, der ihn z. B. im Klagechor als „der Menschheit Rächer" preist, der mit starkem Arm vor der Tyrannen Macht schützt und stets bemüht ist, Götterfurcht und Götterscheu bei den Menschen wach zu halten. Wie Siegfried, geht Herakles durch Weibertücke zugrunde. — Dagegen ist Dejanira in der Grundauffassung bei beiden Dichtern verschieden. Bei Händel ist sie grundlos eifersüchtig, bei Sophokles mit Recht. Hätte Händel die griechische Fassung beibehalten, nach welcher Herakles die Iole, seine Gefangene, wirklich liebt, dann wäre der Held nach den Anschauungen der Zeit Händels nicht rein und mitleidswert gewesen. Bei den Griechen dagegen fällt dieses Moment weg, weil die griechische Moralanschauung eine wesentlich andere war. Vollständig ungriechisch ist die Auffassung der Iole und des Hyllus; sie erinnern an die Figuren der beliebten Schäferspiele. So gleicht das ganze Bild einer griechischen Landschaft, aber in den kalten Norden versetzt. Doch Händel streckt seinen Zauberstab aus, und wie eine Fülle von Sonnenlicht senken sich die Töne herab, alles belebend. Blumen spriessen empor, und

Dionysos, der Freudenbringer, zieht ein, rosenbekränzt, trunken von Schönheit. Freudiger Reigengesang erschallt. Jünglinge und Mädchen singen in süssem Jubel zum „holden Gott der Liebe" zu Eros, dem Allsieger. Nun entrollen sich vor uns die Bilder des Dramas gewaltig und ernst, erschütternd und mitleidfordernd. Dejaniras Eifersucht, die dem Gatten den Tod bringt, des Helden Leiden, der Flug aus den Flammen des Scheiterhaufens empor zu den Göttern, Dejaniras wilde Verzweiflung, — die grossartigste Soloszene, die Händel überhaupt geschrieben hat, — ihre Befreiung von der Schuld: eine Szene grandioser als die andere! Dazwischen die unschuldsvolle Musik der Liebesszene zwischen Iole und Hyllus, sowie die ergreifende Klage der ersteren. Der Abschluss ist bei Händel ein versöhnender, freudiger, im Gegensatz zu Sophokles, der sein Werk mit der gewaltigen Szene von Herakles' Tod erschütternd abschliesst. —

Auch Herakles ist, von Chrysander in der Art der Debora und Esther in vorzüglicher Weise bearbeitet, zu neuem, glänzendem Leben erstiegen.[81])

Der Adel hatte seine Stellung Händel gegenüber nicht geändert, in geradezu gemeiner Weise wurde das böse Spiel gegen den Meister fortgeführt. So war seine Lage allmählich so schlecht geworden, dass er sich von neuem bankerott erklären musste. Nun folgten auch noch aufregende politische Ereignisse, die geeignet waren, alles Kunsttreiben in den Hintergrund zu drängen. Die Engländer hatten bei Fontenoy eine grosse Niederlage durch die Franzosen erlitten. Die Folge war, dass die Schotten den Zeitpunkt für gekommen hielten, sich von der englischen Herrschaft zu befreien. Am 25. Juli landete der junge Prätendent Karl Eduard mit nur sieben seiner Genossen in Schottland. Mit etwa 1600 Hochländern, die sich um das Banner des Hauses Stuart geschart hatten, gelang die Einnahme von Edinburgh (17. Sept.). Von Frankreich langte Unterstützung an, und die Schotten dringen vor bis Derby, London beunruhigend. Karl Eduard zieht sich indes wieder nach Schottland zurück, schlägt wiederholt englische Truppenabteilungen, bis ihm der Herzog von Cumberland bei Culloden am 16. April 1746 in heisser Schlacht gegenübertritt und ihn vollständig besiegt. Der Herzog entwickelte in seinem Triumphe eine Grausamkeit und Barbarei, welche an Sedgemoor und die blutigen Assisen erinnert. — In England wurde der Sieger jedoch als Erretter und Befreier gefeiert. Auch die Kunst sollte beitragen, dem siegreichen Helden zu huldigen, und Händel erhielt wahrscheinlich vom Prinzen von Wales, dem Bruder des Herzogs, den Auftrag, ein Huldigungswerk zu schreiben. Händel erdachte ein Siegeslied, wie es niemals noch zum Preise eines Helden geschrieben worden: „Judas Maccabaeus". In 36 Tagen (vom 9. Juli bis 14. August 1746) hat es Händel komponiert; der Text ist von Thomas Morel.

Die Stimmung des ganzen Werkes ist eine kriegerische und stolze. Sie schildert das Bild eines Volkes, welches sich zum letzten Freiheitskampfe begeistert aufrafft. Naturgemäss muss dem Chore der Löwenanteil der Handlung zufallen, und in der Tat enthält das Werk eine Fülle von herrlichen Chören, vom ergreifenden Klagechor des Eingangs bis zu dem begeisterten Jubellied am Schlusse. Das bekannteste Stück aber, den Wechselchor „Seht er kommt, mit Preis gekrönt", fügte Händel später ein; komponiert hat er es für den Josua und aus diesem in den Judas hinübergenommen. Die erste Aufführung fand am 10. April 1747 statt. Da dieselbe gewissermassen als eine Siegesfeier galt, war der Zudrang des Publikums ein sehr grosser. Besonders strömten die Juden Londons, die das Werk als eine Verherrlichung ihres Nationalhelden

Kopf des Denkmals in der Westminster-Abtei.

begrüssten, in Scharen herbei. Der Erfolg war nach jeder Richtung ein vollständiger. Von da an nahm die „Fashion" plötzlich eine andere Richtung.

In den Anfang des Jahres 1746 fällt noch die Komposition des „Gelegenheits-Oratoriums", eines der wenigst bekannten Werke des Meisters. Kretschmar nennt es „eine Sammlung von Chören und Arien, die — in der Mehrzahl neu — nicht ohne Bezug auf Händels persönliche Situation erscheinen".

DER LEBENSABEND.

Des Lebens Kämpfe haben mit Judas Maccabaeus ihren Abschluss gefunden. Es folgen Jahre des Friedens, Jahre des Ruhms und nicht minder des Wohlstands. Handel hatte das Glück, zu erleben, dass seine Werke von Jahr zu Jahr mehr gefeiert wurden und den Erdkreis eroberten. Er empfand das hohe Bewusstsein, für die Ewigkeit zu schaffen, die stetig wachsende Anerkennung brachte ihm die Bestätigung. Jährlich gab er in der Fastenzeit seine Oratorienkonzerte, in denen er auch Orgel spielte, und fast jede Saison brachte neue Werke des Meisters. Das nächste war das Oratorium „Josua", neben dem Messias und dem Judas Maccabaeus wohl das bekannteste. Hat der Judas die letzten Kämpfe um die Freiheit des Reiches Israel zum Gegenstand, so führt uns der Josua in die früheste Zeit der Einwanderung der Juden, in die Anfänge ihrer Sesshaftigkeit in Palästina. Kein Fussbreit Landes wird ihnen ohne Kampf oder Opfer, und noch lange dauert es, bis das Volk Gottes seine Sehnsucht nach Frieden und ruhigem Familienglück vollständig befriedigt sieht. Dieser Doppelstimmung, der Kampfeslust und der Sehnsucht nach einer Heimat trägt das Werk in vollster Weise Rechnung und wird dadurch zu einem Zeitbild, wie es fesselnder und wahrer kein Geschichtsschreiber zu geben vermochte. Die glänzende Schilderung des Helden, die mächtigen Chöre, wie das „Ehre sei Gott!"- es wankt der stolze Wall", das „Heil! mächt'ger Josua", der malerische Chor: „Ein Wasserwall, stand bang der Jordan auf", sind sämtlich Stücke von monumentaler Bedeutung. Das zweite Element, die Sehnsucht nach Familienglück und Ruhe, findet herrlichen Ausdruck in den gemütvollen Liebesszenen Othniels und seiner Braut Achsa; sie gehören zu den ergreifendsten Partien des Werkes.

Ein zweites Werk dieses Jahres: „Alexander Balus" greift in seinem Stoff wieder in die Zeit der Makkabäer. Dabei unterscheidet es sich in einem Punkte wesentlich von den andern biblischen Oratorien. Während in jenen, so oft Heiden und Israeliten zusammen auftreten, die ersteren über letztere triumphieren und Jehova als der wahre Gott sichtbar wird, ist von alledem hier nichts vorhanden. Die Hauptfiguren, Alexander Balus, König von Syrien, Kleopatra, die Tochter des Königs Ptolemäus, dieser selbst, sind sämtlich Heiden, und nur Jonathan, der Freund des Alexander, der Nachfolger des Judas Maccabaeus, ist ein Israelit. Das Werk steht dadurch z. B. dem Herakles fast näher, als den biblischen Oratorien. Vor allem ist Kleopatra in ihrer ganzen Erscheinung eine antike Figur, gross wie Medea, und mehr noch als Dejanira. Wer die Geschichte der Ptolemäer kennt, wird wissen, dass der Geist, welcher

Aegypten und zum Teil Kleinasien beherrschte, von **griechischen** Einflüssen durchtränkt war; Händel hatte also durchaus recht, wenn er die Schilderung in diesem Sinne durchführte. Was bei dem Werke noch auffällt,

ist die Sorgfalt, der Reichtum des instrumentalen Teils. Kleopatras Arie „Horch, horch! er (Apollo) schlägt das goldne Spiel", von Flöten, Geigen, Bratschen, zweifach **geteilten** Violoncelli, **Harfe** und **Mandoline**, Fagotten, Bässen und Orgel begleitet und mit einer peinlichen Sorgfalt ausgearbeitet, ist eines der **farbenprächtigsten** Stücke, die Händel geschrieben.

In den bisherigen biblischen Oratorien haben wir vorwiegend Bilder mächtigen **kriegerischen** Glanzes gesehen, Bilder des Kampfes und der Erhebung. In dem nun folgenden Werke, dem „**Salomo**" (komponiert 1748), lernen wir eine Zeit des **Friedens** kennen. Israels Macht ist von allen Völkern anerkannt, und die mächtigsten Fürsten sind stolz darauf, mit Israels König in Freundschaft zu stehen. Das ganze Werk ist dementsprechend erfüllt von festlichem Glanze. Aber Salomo war auch ein **gerechter** und **weiser** Fürst, und diese Seite seiner Regentschaft durfte nicht unbeachtet bleiben. Darum stellt Händel die Szene des Richterspruchs über die beiden Frauen, welche sich um ihr Kind streiten, in den Mittelpunkt des 2. Akts. Der dritte Akt ist ein förmliches Konzert zu Ehren der Königin von Saba. Dieser Teil bildet gewissermassen ein Seitenstück zu der kleinen Cäcilien-Ode. Wie in dieser in den einzelnen Gesängen die Musik ihr Ausdrucksvermögen nach allen Richtungen zeigt, so bilden auch diese Chöre eine herrliche **Apotheose** der Kunst selbst. Der Gegenstand des Werkes brachte es mit sich, dass Händel hier allen Reichtum der musikalischen Mittel aufwandte. Der Chor tritt in den Vordergrund, das Orchester strahlt förmlich vor Glanz und Farben. — Noch ein zweites Werk fällt in das Jahr 1748, das Oratorium „**Susanna**". Die Chöre treten in diesem Werke zurück und nehmen fast die Stelle des Chores in der griechischen Tragödie ein. „Griechisch", sagt Chrysander,[82]) „ist die **Gestaltung** dieser Chöre, indem sie wie jene, nach Wilhelm von Humboldts Ausdruck, den Himmel über der Handlung bilden durch Verkündigung derjenigen religiös-sittlichen Wahrheiten, zu denen die Ereignisse auf den verschiedenen Stufen ihrer Entwicklung den Anlass geben." Unter den Solostücken sind Werke von hervorragender Schönheit in der Charakterisierung; bemerkenswert ist die Sorgfalt, mit der hier alles, besonders in der Begleitung, ausgearbeitet ist. —

Eine ganz eigentümliche Stellung unter den Oratorien nimmt „**Theodora**" ein, welche Händel 1749 komponierte. Theodora, eine vornehme Römerin, ist Christin und bekehrt auch Didymus, ihren Geliebten. Beide erleiden schliesslich den Märtyrertod. Wie in früheren Werken die jüdische, so tritt in diesem die **christliche** Weltanschauung der heidnisch-römischen gegen-

Portrait Händels von Hudson.
(Fritzwilliam Museum in Cambridge.)

über. Als kultur-historisches Bild ist das Werk wiederum unübertrefflich. Es erregt immer wieder neues Erstaunen, zu sehen, mit welcher absoluten Sicherheit Händel, wenn er einen geschichtlichen Stoff ergreift, gerade das zeichnet, was man nicht aus Büchern lernen kann: den Geist und die Stimmung der Zeit. Wie ganz anders erscheinen uns in diesem Werke z. B. die Römer, welche das Heidentum hier repräsentieren, als die Aegypter in Alexander Balus, trotz dem beide Epigonen griechischer Kultur sind. Und wie ganz anders drückt sich das Ideal griechisch-klassischen Lebens wiederum im Herakles aus, als in diesen Werken! Man vergleiche nur den abgeklärten, herrlichen Chor: „Holder Liebesgott" aus Herakles mit dem „Venus-chor" aus Theodora. Sie verhalten sich zu einander, wie etwa das Himmelsbild der milonischen Venus zu dem der medicäischen. Schön ist letztere auch, aber in anderem Sinne. An die Stelle der naiven Sinnlichkeit des Griechentums, ist bei den Römern eine bewusste getreten. Gleicht der Grieche klassischer Zeit mehr der sorglosen, empfänglichen Jugend, dem Jüngling, so der Römer mehr dem zur Erkenntnis gereiften Manne. Der griechische Geist schafft, wie ein Gott, aus dem Nichts sich eine unerreichbare Kunst; unbewusst liegt das Gesetz, nach dem er bildet, der Kanon der Schönheit, in ihm: unbewusst wird jedes Gebilde unter seiner Hand zum herrlichen Kunstwerk; — der römische Geist sucht erst aus diesen Kunstwerken die Gesetze abzulesen, um nach ihnen bewusst zu schaffen: er ist nur reproduktiv. Der Grieche findet in der Schönheit an sich erhabensten Genuss, dem Römer ist die Befriedigung des Genusses gleichbedeutend mit Schönheit; was Selbstzweck ist, wird hier zum Mittel des Zwecks. Dessen war sich Händel bei seinen Schilderungen wohl bewusst.

Händels Wohnhaus in London.

Auch das neue Element des Christentums erfasst Händel sofort in dem Zentrum seiner Weltanschauung. Der gewaltige, rächende Kriegsgott Jehova verschwindet hier, und an seine Stelle tritt der Geist der Liebe und Versöhnung. Weich und mild klingt daher auch der Schlusschor aus: „Göttliche Liebe, Quell des Ruhms".

Neben diesen gewaltigen Werken entstand gleichzeitig eine Komposition, welche sich zu der damaligen Zeit ungemeiner Beliebtheit erfreute: die „Feuermusik", als musikalische Begleitung zu einem Feuerwerk am 27. April 1749, deren Schluss Kanonendonner bildete. Sie nimmt unter Händels Werken ungefähr die Stelle ein, wie die Schlacht bei Vittoria unter denen Beethovens.

Der Theaterdirektor Rich ersuchte damals Händel um Tänze und Gesänge für ein Schauspiel „Alceste". Die Musik fiel aber, nach Richs Urteil, „zu gut für seine Leute" aus.[83]) Einen Teil benutzte Händel für die im folgenden Jahre komponierte Kantate „Die Wahl des Herakles" „a musical Interlude". Er führte sie nachher verschiedene Male als Schluss des Alexander-Festes auf.

Im Sommer dieses Jahres sah Händel seine Vaterstadt zum letzten Male. Auf der Rückreise erlitt er durch Umsturz des Wagen einen kleinen Unfall

Wir nähern uns dem Ende der Schaffenszeit unseres Meisters. Rüstig, in höchster Geistesfrische beginnt er 1751 ein neues gewaltiges Werk, ohne zu ahnen, dass es sein letztes vollständiges sein sollte. Weit zurück greift er in der Geschichte des alten Testaments, um in Jephta einen Helden zu finden, der wie geschaffen war für ein Oratorium in seinem Sinne.

Was ich über Samson in dieser Beziehung gesagt, gilt auch für Jephta. Eine wesentliche Aenderung, ganz im Sinne seiner Zeit, nahm übrigens Händel bei der Gestaltung des Textes vor. Während nach der Bibel Jephta seine Tochter opfert, lässt Händel einen Engel dazwischentreten, der das Opfer im letzten Augenblick hindert. Musikalisch steht „Jephta" mit obenan. Seine Bilder sind von überwältigender Pracht der musikalischen Schilderung, die melodischen Linien in höchster Kühnheit und Formvollendung, die gesamte Ausführung von ergreifender Wahrheit des Ausdrucks.

Jephta war das letzte Glied, welches noch fehlte in der grossen Kette der biblischen Oratorien, die jetzt lückenlos die ganze Geschichte Israels darstellen, vom Auszug aus Aegypten in „Israel" bis zu der Zeit, da das Gesetz erfüllt worden durch den Messias;[84]) denn dieser bildet nicht den Anfang einer neuen Zeit, sondern den Abschluss der Zeit des alten Bundes.

Ein merkwürdiger Zufall hat es gefügt, dass die Originalpartitur des Jephta uns zugleich einen Einblick in die Art von Händels Schaffen gewährt, und uns, wenigstens bis zu einem gewissen Grade, die Erklärung bietet, wie es möglich war, Riesenwerke, wie Judas oder Israel in so unglaublich kurzer Zeit zu vollenden. Ich sage bis zu einem gewissen Grade. Denn selbst, wenn man auch das noch rechnet, dass Händel häufig frühere Stücke verwertet, dass er sogar aus fremden Werken Material herübernimmt, seine unerschöpfliche Schöpfer- und Arbeitskraft ist und bleibt doch ein unbegreifliches, hohes Wunder. Die Art aber, wie er seine Werke praktisch anlegte, lässt uns dieses Wunder nur in etwas begreiflicher erscheinen.

In dem Autograph bezw. Faksimile der Jephta-Partitur erkennt man bei einiger Übung leicht eine Verschiedenheit der Schrift. Neben der festen, sichern Handschrift, die wir bei Händel gewöhnt sind, läuft eine andere zwischen durch von unsicherer, zitteriger Art. Aber auch diese ist ohne jeden Zweifel von Händel. Wie erklärt sich das? Händel selbst gibt uns Auskunft. Am 21. Januar 1751 begann er das Werk. Bis zum Schlussatz des zweiten Aktes arbeitete er. Dort am Schlusse des bewegten ersten Satzes: „How dark, o Lord" steht die Notiz: „Bis hierher kommen den 13. Februar 1751, verhindert worden wegen des Gesichts." Händels Augenleiden beginnt. Auf der folgenden Seite steht dann: „den 23. h. etwas besser worden". Von neuem nimmt er die Arbeit auf, um sie, noch zweimal wegen des Leidens unterbrechend, am 30. August abzuschliessen. Seine B l i n d h e i t ist also der Grund für die Unsicherheit der Schrift. Da aber die festen Schriftzüge bis ans Ende des Werkes durchlaufen, so muss das Werk z w e i m a l in Angriff genommen und durchgeführt worden sein. Das ist in der Tat der Fall, wie uns auch das doppelte Datum am Ende des ersten Aktes (S. 97) bestätigt. Dort steht dieser Akt als „am 2. Februar geendigt", daneben aber, dass derselbe erst am 13. August, also 6 Monate später, „völlig" beendet worden. Das gibt uns den Schlüssel in die Hand. Das „völlig" heisst soviel wie a u s g e f ü l l t. Verfolgt man die s i c h e r n Schriftzüge, so erkennt man in ihnen leicht die G r u n d z ü g e und G r u n d l i n i e n des Werkes. Diese stellte Händel zuerst fest. Anstatt, wie andere, zuerst Skizzen anzulegen, s k i z z irte er gewissermassen direkt in die Partitur herein, und zwar das ganze Werk. Darauf nimmt er es zum z w e i t e n M a l e vor und füllt das Fehlende aus. So schreibt er in den Chören zuerst die vier Singstimmen und den Continuo; aber auch nicht vollständig. Dort, wo sich der Verlauf einer Stimme aus dem Zusammenhang ergibt, lässt er sie fallen, um sie nachher, bei der zweiten Durcharbeitung, fertig zu schreiben. In der Begleitung beschränkt sich Händel zunächst auf einzelne Motive, die ihm besonders wichtig erscheinen. In manchen Arien, die eine volle Begleitung haben, verfährt Händel ebenso. Häufig aber werden sie von ihm gleich anfangs völlig niedergeschrieben; bei der zweiten Vornahme beschränkt sich seine Tätigkeit dann auf Aenderungen und Korrekturen. In den Rezitativen scheint Händel zuerst nur die Worte hingeschrieben und die Musik erst bei der Ausfüllung zugefügt zu haben. Diese Art zu komponiren hatte nicht nur den Vorzug, dass Händel alles besondere Skizzieren sparte und alle vorläufigen Entwürfe, und damit viel Zeit, sie hatte auch den Vorzug, dass er bei der Durchführung stets das Werk als G a n z e s vor sich sah und so die denkbar grösste Einheitlichkeit des Stils erzielte. Händels Augenleiden verschlimmerte sich. Mehrere Operationen blieben erfolglos. Im Januar 1753 meldete die Zeitung: „H ä n d e l i s t g ä n z l i c h b l i n d."

Das war ein Schlag, wie er den Meister nicht grausamer treffen konnte Die Leitung der Konzerte musste er aus der Hand geben und seinem Schüler Schmidt, dem Sohne seines ehemaligen Faktotums, übertragen. Nur die Orgelvorträge behielt er bei. Das war stets ein ergreifender Anblick, wenn der blinde Meister, an der Hand geführt, zu seinem Instrument geleitet werden musste. Und ein Aufschrei sympathischer Rührung durchzuckte das dichtgedrängte Auditorium, wenn im S a m s o n dieser anhebt: „T i e f d u n k l e N a c h t; k e i n T a g, k e i n L i c h t, nur dunkle N a c h t u m h ü l l t m e i n A n g e s i c h t", und man bei diesen Worten den alten Meister erbleichen und zittern sah.

Dass Händels reger Geist und Schaffensdrang nicht mit einemmale stillstehen konnte, versteht sich fast von selbst. Die Schwierigkeit, die Gedanken zu Papier zu bringen, machte allerdings die Entstehung eines grösseren Werkes unmöglich, und Händel beschränkte seine Tätigkeit darauf, die früheren Werke zu revidieren, sowie hier und da Zusätze und Varianten zu machen. Diesem Bestreben verdanken wir u. a. das unvergleichliche Duett: „Zion hebt ihr Haupt empor", im Judas Maccabaeus.

Die grösste derartige Arbeit ist die vollständige Neubearbeitung und Erweiterung des Jugend-Oratoriums „T r i o n f o d e l T e m p o". Die Aenderungen betrafen sämtliche Rezitative; sechszehn Arien wurden dem Werke noch zugefügt, darunter acht neu komponierte. Welch herrliche Bilder mochten bei dieser Arbeit vor des Meisters Geist lebendig werden! Da mochte er sich wieder in Rom wähnen, jugendkräftig und gefeiert, wie er sich an das Cembalo setzt, sein Werk dem Kardinal Otoboni vorzuführen; da tauchen die alten, lieben Gestalten vor ihm auf, Corelli, wie er sich beschwert über die Schwierigkeiten in der Ouverture, der alte, würdige A. Scarlatti und sein Sohn Domenico: das war die Zeit, wo er den Flug zur Sonne a n h o b. Dann kamen die Wetterwolken drohend heran, der stolze Adler verachtete sie; der Sturm brach los, aber sein starker Fittich hob ihn trotzdem höher und höher; er musste zur Sonne, und er erreichte das Ziel. Dann aber war das Unglück gekommen, die Krankheit, zugleich mit dem Alter. Aber auch sie schienen die stolze Kraft in ihm nicht brechen zu können. Am 6. April 1759 wurde der Messias aufgeführt; Händel wirkte selbst mit. Zu Hause angekommen, fühlte er sich krank. Die Kräfte nahmen sehr schnell ab; Händel fühlte, dass der Tod ihm nahe. Mit Ruhe und Gottvertrauen sah er ihm entgegen; was noch zu ordnen war, ordnete er bei klaren Sinnen. Seinem Testament fügte er den Wunsch bei, in der Westminster-Abtei „in a private manner" bestattet zu werden, und bestimmte 600 £ für ein Grabdenkmal. Am 14. A p r i l , m o r g e n s g e g e n a c h t U h r , schlossen sich des edlen Meisters Augen für immer. — Am 20. April fand die Beisetzung nach seinem Wunsche in Westminster statt. Das Grabdenkmal von Roubiliac zeigt den Meister in ganzer Figur vor der Orgel stehend: der Blick ist wie in Verzückung nach oben gerichtet; er lauscht einem Liede, welches himmlische Geister ihm eingeben, auf die Klänge des überirdischen Sanges: „I c h w e i s s , d a s s m e i n E r l ö s e r l e b t."

Händels Testament zeigte von neuem die edle Hochherzigkeit des verstorbenen Meisters. Einen grossen Teil des Vermögens von 20 000 £ hatte er für Legate bestimmt, und niemand war vergessen, dem er im Leben Dank schuldete oder zu schulden glaubte.

England hat es sich stets angelegen sein lassen, das Andenken des Meisters hochzuhalten, wenn auch oft in einseitiger Weise. Man braucht nur die Konzertprogramme der nachfolgenden Zeit zu lesen, um sofort zu sehen, dass Händel überall die erste Stelle einnimmt.[86]

Die jährlichen Oratorien-Aufführungen in der Fastenzeit wurden von Schmidt und dem blinden Organisten Stanley weitergeführt. So kamen z. B. im Jahre 1764 nacheinander zur Aufführung: L'Allegro ed il Pensieroso, Debora, ein Pasticcio Nabal, Judas Maccabaeus, Samson und Messias. Als das grösste Ereignis darf aber wohl das Händel-Fest im Jahre 1784 gelten, welches den hundertjährigen Geburtstag des Meisters feiern sollte, und welches den Anfang jener Monstre-Festivals bildete, die seitdem in England stets wiederkehren. Auch in Deutschland wirkte dieses Beispiel nach. Im Jahre 1786 wurde unter J o h. A d a m H i l l e r der Messias in der Domkirche in Berlin aufgeführt. Wie in London, war auch hier die Zahl der Mitwirkenden eine sehr grosse.

Wie Burney über die Londoner, so hat Hiller über diese Aufführung einen ausführlichen Bericht hinterlassen. Aus demselben geht hervor, dass er mit der Originalinstrumentation nicht zufrieden war. „Ueberhaupt", meint er nach einer längern Auseinandersetzung, „liesse sich durch eine der heutigen Satzart gemässe Anwendung der blasenden Instrumente noch manche Verschönerung den

In the Name of god Amen.

I George Frideric Handel considering the Uncertainty of human Life doe make this my Will in manner following

viz

I give and bequeath unto my Servant Peter le Blond, my Clothes and Linnen, and three hundred Pounds sterl: and to my other servants a year Wages.

I give and bequeath to Mr Christopher Smith my large Harpsicord, my little House Organ, my Musick Books, and five hundred Pounds sterl:

Item I give and bequeath to Mr James Hunter ▬▬▬▬▬▬▬▬▬▬▬▬▬▬▬▬▬▬▬▬▬▬ five hundred Pounds sterl:

Händels Testament.

I give and bequeath to my Cousin Christian Gottlieb Handel of Coppenhagen one hundred Pounds sterl:

Item I give and bequeath to my Cousin Magister Christian August Roth of Halle in Saxony one hundred Pounds sterl:

Item I give and bequeath to my Cousin the Widow of George Taust, Pastor of Giebichenstein near Halle in Saxony three hundred Pounds sterl.

and to Her six Children each two hundred Pounds sterl:

All the next and residue of my Estate in Bank Annuity's ~~South Sea Annuity's~~ or of what soever Kind or Nature, I give and bequeath unto my Dear Niece Johanna Friderica Floerken of Gotha in Saxony (born Michaelsen in Halle) whom I make my Sole Exec.{.tr} of this my last Will

In witness Whereof I have hereunto set my hand this 1 day of June 1750

George Frideric Handel

Händelschen Kompositionen beifügen." Für solche „Verschönerungen" mag er denn auch seine Zusätze von Flöten, Clarinetten und Hörnern gehalten haben. Einige Jahre später folgen Mozarts Bearbeitung von Acis und Galatea, der kleinen Cäcilien-Ode und des Messias. Weit entfernt davon, den Händel „verschönern" zu wollen, trieben Mozart rein praktische Gründe dazu, die Bearbeitungen zu machen; vor allem galt es ihm, die ihm für seine Aufführung fehlende Orgel durch Bläser zu ersetzen. Mozart war aber eine viel zu ausgeprägte Individualität, als dass er eine solche Aufgabe hätte lösen können, ohne stilwidrig zu werden. So interessant, ich möchte fast sagen genial seine Messias-Bearbeitung ist — sie hat das Werk umgestaltet und fast zu einem Mozartschen gemacht. Seitdem folgte bald dieses, bald jenes Werk in derartigen Bearbeitungen. Die Vorlagen, nach denen sie gemacht, waren oft sehr mangelhafte und fehlerhafte. Händels Werke befanden sich auf dem besten Wege, in heillose Verwirrung zu geraten, wäre nicht in unserer Zeit ein Unternehmen ins Leben getreten, welches der Sache ein Ziel setzte. Das war die Gründung der deutschen Händel-Gesellschaft.

Crysander.

Im Sommer 1856 trat diese Gesellschaft auf Anregung Gervinus' zusammen mit dem Zweck, Händels Werke in einer neuen, exakten Ausgabe erscheinen zu lassen, streng nach den Originalen. Der einzig Berufene aber unter diesen Herausgebern war Dr. Friedrich Chrysander. Nicht lange dauerte es, da war die Gesellschaft als solche an der Unfähigkeit der übrigen Mitarbeiter zu Grunde gegangen. Da ist es Chrysander, welcher als einzelner Mann, vertrauend auf eigene Kraft und eigenes Können es unternahm, das Riesenwerk weiterzuführen. Was dieser seltene Mann dabei geduldet, was er entbehrt hat, wie er für seinen Meister gekämpft und Widerwärtigkeiten ertragen, das haben nur wenige erfahren. Ihm allein verdanken wir es, dass wir heute Händels Werke in einer Ausgabe besitzen, welche in jeder Beziehung unübertrefflich ist. Chrysander ist aber nicht nur der Mann der Theorie, sondern fast noch mehr der Praxis. Ihm genügte es nicht, die Werke mit philologisch kritischem Geiste in ursprünglicher Reinheit herzustellen, ebenso viel lag ihm daran, ja noch mehr, die vielen Vorurteile gegen Händel, die sich infolge der allgemeinen Anarchie bei Aufführung Händelscher Werke gebildet hatten, zu beseitigen. Um dies zu erreichen, musste er die Werke selbst aller Welt ad oculos vorführen. Jedermann dachte nun dabei an eine Aufführung genau nach der Partitur seiner Händel-Ausgabe. Wie hatte man sich aber in dem „alten Pedanten" verrechnet. Gerade das Gegenteil geschah. Er hätte nicht Chrysander sein müssen, um nicht zu wissen, dass Händels Hauptgrundsatz stets der war, seine Werke der Zeit und den Umständen anzupassen. Sollten sie aber heute zeitgemäss sein, so war eine Bearbeitung unbedingt notwendig. Wie Chrysander dabei verfuhr, habe ich bereits bei der Besprechung der betreffenden Werke, Debora, Herakles und Esther, wenigstens in den Grundzügen, dargelegt. Gerade das, was alle anderen glaubten bearbeiten zu müssen, gerade das liess Chrysander unangetastet: die Instrumentation und die Einteilung des Orchesters in Concertino, Grosso und Ripieno. Warum? Weil die Original-Klangwirkung doch alle Bearbeitungen an Schönheit weit übertrifft, eine Bearbeitung in diesem Sinne also überflüssig und schädlich ist. Die Zusammenstellung der Ensembles bei Händel entspringt stets der augenblicklichen Notwendigkeit. Nie verwendet Händel ein Instrument, wenn seine Anwendung nicht unbedingt künstlerisch geboten erscheint. Daher folgen reichen Ensembles oft Stücke, die nur von Cembalo und Continuo begleitet sind, farbenprächtigen Stimmungsbildern solche, in denen das Orchester auf jede Farbenmischung und Farbenreiz verzichtet. Aber gerade in dieser durch subtilste künstlerische Erwägung erzeugte Abwechslung liegt einer der charakteristischsten Reize Händelscher Kunst. Dieser wunderbare Reiz wird aber durch jede instrumentale Umarbeitung und Ergänzung zerstört. Auch das ist ein Verdienst Chrysanders, die Originalinstrumentierung in Theorie und Praxis wieder hergestellt zu haben. Der Erfolg hat seine Ansicht vollständig bestätigt. Diese Verdienste um die Wiederherstellung des Originals kann man nicht hoch genug werten, wenn man bedenkt, dass die Tradition vollständig fehlte. Wohl schon 20 Jahre nach Händels Tod war sie verloren. Die Monstreaufführungen 1784 in London, von denen Burney berichtet, und die diesen nachgebildete Berliner im Jahre 1786 zeigen bereits ein vollständig verworrenes Bild. Eines sei hier noch erwähnt: die Ausschmückung der Solo-Gesangstücke. Die Kunst, am Schlusse eines Stückes eine Kadenz, oder während desselben an geeigneter Stelle Verzierungen im Geiste des Werkes anzubringen, gehört, wie ich oben gezeigt habe, zu den typischen Eigentümlichkeiten der Gesangskunst jener Zeit und verleiht den Gesängen selbst ein charakteristisches Gepräge. Sie heute entbehren wollen, hiesse den Werken einen Schmuck rauben, der ihnen vom Meister selbst zugedacht.*) Nun ist aber die Kunst der Improvisation unseren heutigen Sängern, wie so vieles andere, verloren gegangen. Somit stand Chrysander vor der Frage, entweder auf diese Verzierungen und Kadenzen zu verzichten, oder selbst welche zu schreiben und dem Sänger zur Ausführung zu überlassen. Aber wie viele Vorstudien hat Chrysander hierzu wieder gemacht! Die wertvolle Herausgabe und Erläuterung Zacconis, der diese Kunst lehrte, ist nur ein kleiner Teil davon. Auch Händel selbst hat glücklicherweise Muster gegeben. So ausgerüstet ging Chrysander an die Arbeit, die Werke in einer Weise auszuschmücken, welche durchaus im Geiste Händels ist. Dies näher zu beweisen, ist hier leider nicht der Ort. Als Beispiele mögen folgende Stellen aus Debora dienen:

*) In der ältesten Zeit wurden die Verzierungen fast durchweg ausgeschrieben, z. B. in den Kupferdrucken wie Caccini's Nuove musiche (1600, 2. Th. 1614) bei Durante, Marco da Gagliano, Capsberger In seinem Libro primo d'arie passeggiate u. a. In der Periode Carissimi tritt das mehr zurück. Der Kupferdruck hört auf und der gewöhnliche Typendruck vermochte nicht ihre komplizierten Figuren darzustellen. Um so mehr Gewicht wird von da an auf die freie Gestaltung, die Improvisation der Ausschmückung gelegt.

Im ersten Beispiel wird die Bedeutung des Wortes „frech" durch die Figur besonders betont: die Figur wird zum bedeutungsvollen malerischen Accent. In ähnlichem Sinne schreibt Händel selbst die Schlusskadenz der Arie: „Vater des Friedens" im Saul:

Aber auch ohne diese direkt sichtbare Begründung der Figur kann die ausgeführte Kadenz durchaus künstlerisch gerechtfertigt sein, wenn sie den Zweck verfolgt, die Gesamtstimmung des vorhergegangenen Stückes in letzter, zusammengefasster Steigerung auszudrücken. Was die kleinen Verzierungen anbetrifft, die Chrysander oft während des Verlaufs des Stückes, besonders bei Wiederholungen anwendet, so haben auch diese meist malerische oder accentuierende Bedeutung; an anderen Stellen, wo sie rein ornamental erscheinen, aber sind sie nie zwecklos angewandt, sondern versuchen stets den Grundcharakter des Stückes noch sichtbarer hervorzuheben, wie z. B. die vielen reizenden Figürchen in der lieblichen Arie der Jole im Herakles. Man hat gerade diese Seite der Bearbeitung Chrysanders vielfach angegriffen, als ob hier die Hauptbedeutung seiner Arbeit liege. Indem aber Chrysander die eigentlich vom Sänger zu improvisierenden Verzierungen selbst einfügte, und zwar auf Grund umfassendster Studien, wollte er nur Wegweiser sein. Niemand würde er es gewehrt haben, an Stelle seiner Verzierungen andere zu setzen, wenn dieser wirklich die Fähigkeit besässe, stilgerechte Figuren zu erfinden, nie hat er überhaupt verlangt, das man jede der eingefügten Kadenzen, gleichviel ob von ihm oder von Händel selbst, nun auch schön finden und unbedigt annehmen müsse; stets hat er hier dem Ausübenden die grösste Freiheit gewährt und sogar für ihn gefordert. So habe ich niemals Anstoss genommen, die grosse, von Händel selbst geschriebene Kadenz in der ersten Messias-Tenor-Arie zu streichen, da ich mich nie mit ihr befreunden konnte.

Gewiss, unsere heutige Kunst, besonders die dramatische, ist der Koloratur abhold. Das ist eine logische Folge der Entwicklung des dramatischen Stils. Richard Wagner entwickelt seine Gesangsmelodien aus dem Wort, aus der Sprache. Sie wird zum ausgeprägtesten Sprechgesang, dessen Charakter sich, wie Wagner selbst betont, als „energisch sprechender Akzent" zu erkennen gibt. Wagner erhebt die Sprache zur Musik, aber Händels dramatische Musik ist deshalb nicht minder sprechend, die Darstellungsmittel, die er anwendet, sind nur anderer Art, sind die seiner Zeit, und im Sinne seiner Zeit müssen wir sie darum auch anwenden. Auch die Ausschmückung der Melodie ist eine stilistische Eigentümlichkeit jener Zeit; wir werden sie einschränken dürfen auf die Stellen, wo sie nicht entbehrt werden kann, sie aber einfach fallen lassen, geht nicht an. Ich will es näher erklären; nehmen wir z. B. die Bildung der Schlusskadenz. Sie ist nicht überall notwendig. So weist Goldschmidt nach, dass die sogenannte Basskadenz d. i. jene, in welcher die Solobassstimme die kadenzierenden Grundtöne

(Dominante-Tonica) mit ergreift, nicht weiter ausgeschmückt wurde.[1]) In anderen Fällen aber kann ihr Fortbleiben geradezu unkünstlerisch wirken. Eine ganze Reihe bewegter Arien läuft in voller Bewegung plötzlich in den Kadenztakt, der durch eine, oft den ganzen Takt füllende, lange Note dargestellt wird. Singt man diese, wie sie dasteht, so entsteht ein Ruck, ein plötzlicher Stillstand; ein Gefühl, wie wenn ein auf guter Strasse dahineilender Wagen plötzlich einen Abgrund herunterpoltert. Das unbefriedigte dieses Eindruckes wird aber noch dadurch besonders hervorgehoben, dass bei der Kadenz die Instrumente ausser Continuo und Cembalo plötzlich schweigen. So lange die Kunst besteht, hat sie das Gesetz anerkannt und beobachtet, eine Bewegung nicht plötzlich, sondern allmählich in die Ruhe überzuführen, sie auslaufen zu lassen. Diesen Zweck aber erfüllt hier die Kadenz. Man kann den Grundsatz aussprechen, dass die Kadenz in schnellen Sätzen häufiger als in langsamen anzuwenden ist. Das oberste Gesetz aber für jede Ausschmückung ist, dass diese im **Charakter des Ganzen** erfunden ist, dass sie kein blosser Schnörkel ist. sondern teilnimmt an der Darstellung der Gedanken des Stückes, dass die Kadenz. insbesondere den Grundcharakter des Ganzen in gedrängter Form in letzter Steigerung zum Ausdruck bringt. Das wird sie am leichtesten dadurch bewirken, dass sie ihr Material aus dem Gedanken des Stückes selbst nimmt. Nach Goldschmidt [1]) aber ist die **thematische Kadenz** gerade in der Händelzeit die **herrschende**. Auch die Kadenzen, die Chrysander gewissermassen als Vorlagen geschrieben, folgen meist diesem Prinzip.

Noch ein Vorurteil galt es zu besiegen. Man glaubte allenthalben, um Händel aufzuführen, bedürfe es **grosser Massen**. Nun wissen wir, dass zu Händels Zeit die Zahl der Mitwirkenden im höchsten Falle 100 Instrumentalisten und 80 Sänger betrug, und das war bei einer besonderen Gelegenheit, bei der Trauerfeier für die verstorbene Königin Caroline. Die Notwendigkeit einer kollossalen Besetzung ist also nicht vom Komponisten vorbedacht. Das schliesst nicht aus, dass sie unter Umständen auch nicht hinderlich zu sein braucht. Etwes anderes ist viel wichtiger, und zwar das **Verhältnis der Sänger zum Orchester** und das **Verhältnis des ganzen Tonkörpers zum Aufführungsraum**. Ersteres drückt sich in obigen Zahlen ungefähr aus. Man sieht, beide Faktoren sind ziemlich gleich stark gedacht. Da aber die Chöre damals von Berufssängern gebildet wurden, so dürften wir heute die Zahl der Choristen um etwas, **höchstens** aber wohl um ein Drittel, stärker nehmen als das Orchester. Bei der ersten Aufführung der Debora in Mainz 1895 kamen auf ungefähr 130 Sänger etwa 85 Musiker, das Ganze berechnet auf einen Saal von ungefähr 1000 Plätzen. Bei den Aufführungen im Jahre 1906 war das Verhältnis ein ähnliches. Auf einen Chor von 164 kamen 87 Musiker, (s. die beiden Aufstellungspläne, Anhang 2. u. 3). Die Wirkung bewies die Richtigkeit dieser Berechnung.

Chrysander starb am 3. Dezember 1901. Er durfte das stolze Bewusstsein mit sich nehmen, Händel ein Denkmal gesetzt zu haben, wie kein zweites je geschaffen wurde. Roubiliac hat uns in Marmor den Leib des Gewaltigen verewigt, Chrysander aber hat weit Grösseres vollbracht: er hat uns den Geist Händels von neuem offenbart.

---

*) Goldschmidt: „Nach welchen Grundsätzen haben wir die Ausgestaltung und Vervollkommnung des Händelschen Einzelgesangs vorzunehmen?" Vier Vorträge der Kais. Friedrich Stiftung. Mainz 1906.

Zum Schluss können wir noch die Frage stellen: Was bedeutet Händel heute uns? Die Antwort gibt uns unsere Zeit selbst. Der Geringschätzung des Meisters ist seit einem Jahrzehnt ein mächtiger Aufschwung gefolgt. In heller Begeisterung huldigt ihm die musikalische Welt mehr denn je und die Urmacht seines Geistes übt von neuem ihren Zauber über die Menschheit. Chrysander war es, der die Anregung zu dieser mächtigen Bewegung gegeben hat, als er im Jahre 1895 sein Lebenswerk bei dem ersten Mainzer Händelfest in die Praxis übersetzen konnte. Mag man mit ihm in seinen Anschauungen übereinstimmen oder nicht, diese Tat allein macht ihn unvergesslich. Ich meine, es war gerade die rechte Zeit dafür. Unsere Zeit war auf dem besten Wege, den Blick für das Grosse, Gewaltige zu verlieren Den Blick der Erde zugewandt, erschienen ihr die tausend Kleinigkeiten, die sich dem nahen Auge einzeln darbieten, erstrebens- und begehrenswert, und darüber vergass sie, dass über ihr sich ein Himmel wölbte, an dem Welten kreisen und Sonnen tönen, gelenkt von der Gottheit Urmacht. Da sandte Gott uns den Helden, der uns lehren soll, den Blick dem Kleinen abzuwenden, emporzuschauen zum Lichte, der unsere Augen öffnen sollte, dass sie, „sonnensichtig", gleich ihm vermögen hineinzuschauen in den lodernden Glanz, dass wir mit ihm emporschweben in die Welt des Erhabenen, des Göttlichen — Händel. —

Verzeichnis der Werke Händels

auf Grund der Herausgabe dieser Werke durch die
deutsche Händel - Gesellschaft (Chrysander).

A. Opern.

In Hamburg komponiert:
1) Almira (1705) 55
2) Nero (1705) } beide Werke sind verloren gegangen.
3) Florindo e Daphne (1706?)

In Italien komponiert:
4) Rodrigo (1707 in Florenz). 56
5) Aprippina (1708 in Venedig) . . . 57

In England komponiert:
6) Rinaldo (1711) 58
7) Il Pastor fido (1712). Erste Bearbeitung 59
8) Teseo (1712) 60
9) Silla (um 1714) 61
10) Amadigi (1715) 62
11) Radamisto (1720) 63
12) Muzio Scevola (1721) 64
13) Floridante (1721) 65
14) Ottone (1722) 66
15) Flavio (1723) 67
16) Giulio Cesare (1724) 68
17) Tamerlane (1724) 69
18) Rodelinda (1725 70
19) Scipione (1726) 71
20) Alessandro (1726) 72
21) Admeto (1726—27) 73
22) Ricardo I. (1727) 74
23) Siroe (1728) 75
24) Tolomeo (1728) 76
25) Lotario (1729) 77
26) Partenope (1730) 78

27) Poro (1731) 79
28) Ezio (1731—32) 80
29) Sosarme (1732) 81
30) Orlando (1732) 82
31) Ariadne (1733) 83
32) Pastor fido (1734). 2. Bearbeitung mit Prolog: Terpsichore. (Ballet mit Gesang.) 84
33) Ariodante (1734) 85
34) Alcina (1735) 86
35) Atalanta (1736) 87
36) Giustino (1736) 88
37) Arminio (1736) 89
38) Berenice (1736—37) 90
39) Feramondo (1737) 91
40) Serse (1737—38) 92
41) Imeneo (1738 - 40) 93
42) Deidamia (1740) 94

B. Oratorien.

In Hamburg komponiert:
1) Passion nach d. 19. Kap. des Evangel. Johannes (1704) 9

In Italien komponiert:
2) Resurrezione (1708) (Rom) 39
3) Il Trionfo del Tempo e del Disinganno (1708) (Rom) 24
4) Aci, Galatea e Polifemo (1708—9) (Neapel) 53

— 87 —

	No. d. Bds. d. D. H. G.		No. d. Bds. d. D. H. G.

In Hannover:
5) Deutsche Passion nach Brockes (1716) . . 15
In England:
6) Acis und Galatea (um 1720)(in Cannons) . . 3
7) Esther (1720) erste Bearbeitung (Cannons) 40
8) Esther (1732) zweite Bearbeitung. (London) 41
9) Debora (1733) (London) 29
10) Athalia (1733) 5
11) Alexanderfest (1733) (Cäcilienode) . . 13
12) Parnasso in Festa (1734) (Serenata) . 54
13) Trionfo del Tempo (1737) erste Umarbeitung. 24
14) Saul (1738) 13
15) Israel (1738) 16
16) Kleine Cäcilienode (1739) 23
17) L'Allegro, il Pensieroso ed il Moderato (1740) . . . . . . , ... 6
18) Messias (1741) 45
19) Samson (1741) 10

20) Semele (1743) 7
31) Joseph und seine Brüder (1743) . . 42
32) Heracles (1744) 4
33) Belsazar (1744) 19
34) Gelegenheitsoratorium (1746) . . . 43
35) Judas Maccabaeus (1746) 22
36) Josua (1747) 17
37) Alexander Balus (1747) 33
38) Salomo (1748) . . . . · . 26
39) Susanna (1748) 1
40) Theodora (1749) 8
41) Wahl des Heracles (1750) 18
42) Jephta (1751) 44
43) Sieg der Zeit und Wahrheit (3. Bearb. des Trionfo del tempo) (1757) . . . 20
Unter die Oratorien rechnet man auch noch die
44) Geburtstagsode für die Königin Anna (1713) 46a
ferner
45) Alceste. Musikalische Szenen aus einem engl. Drama (1749) 46a

C. Kirchenmusik.

1) Psalm: Laudate pueri. Jugendarbeit aus Halle (ältestes bekanntes Originalmanuskript
  In Rom komponiert:
2) Derselbe Psalm umgearbeitet (1707)
3) Psalm: Dixit Dominus (1707) } 38
4) Psalm: Nisi Dominus (1707)
5) Salve Regina (Für Sopran mit Orchester) (wohl ebenfalls 1707)

In England komponiert:
1) Utrechter Te Deum und Jubilate (1713) 31
2) 3 Te Deum. (in B. u. in A. wohl 1714 bezw. 1719 in Cannons komponiert) und Te Deum in D. (wohl 1727 komponiert, als Georg II. den Thron bestieg) 37
3) Dettinger Te Deum (1743) 25
6) Motetto: Silete venti (vielleicht gegen 1720 comp.) } 38
7) 6 Alleluja Amen (vielleicht 1735—45 comp.)

D. Anthems.

A) Anthems (1716—18)(Cannons) fast durchweg dreistimmig im Chor. Sopran, Tenor, Bass 34 u. 35
  1) O, frohlocke in dem Herrn (Bearbeitung des Utrechter Jubilate.)
  2) Auf den Herrn steht mein Vertrauen
  3) Erbarme meiner dich
  4) O, singet unserm Gott ein neues Lied
  5) Ich will dich erhöhen
  6a) So wie der Hirsch nach Wasser schreit
  6b) Dasselbe, bearbeitet für den Königl. Kirchenchor (1719), der Eingangschor sechsstimmig.

  vierstimmig:
  7) Mein Lied sing' auf ewig
  8) O, kommt, lasst uns singen
  9) O, preist den Herrn mit einem Mund

	No. d. Bds. d. D. H. G.
10) Der Herr ist mein Licht	
11) Herr, mach' dich auf	
12) Dasselbe neu bearbeitet für den Königl. Kirchenchor.	

B. 4 Krönungsanthems. 1727 für Georg II. komponiert. 14
   1) Zadock, der Priester
   2) Der Fürst wird sich freuen
   3) Mein Herr denkt und dichtet
   4) Deine Hand erstarke

C. Anthems für den Königl. Kirchenchor 36
   1) O, preiset Gott, ihr Engel des Herrn
   2) Dies ist der Tag, den der Herr erkor (1734) zur Trauung der Kronprinzessin Anna.
   3) Singt unserm Gott, ihr Reiche der Welt (1736) zur Vermählung des Prince of Wales
   4) Dettinger Anthem. Der Fürst wird sich freuen (1743)

      Anthem for the Foundling Hospital. Selig ist er, der des Armen gedenkt (1749)

      Trauerhymne auf den Tod der Königin Caroline (1737). 11

E. Kammermusik für Gesang.

22 italienische Duette und 2 Trios. (No. 1 u. 2 vor 1710, No 3—14 von 1710-1712 in Hannover komp., die beiden Trios 1708 in Neapel, die übrigen zwischen 1740—54 komponiert). 32
2 Bände italienischer Solocantaten (1 - 38 und 39—72) (aus verschiedenen Zeiten) . 50 u. 51
2 Bände italienischer Solocantaten mit Instrumenten (1—15 und 16 - 28) (aus verschiedenen Zeiten. No. 11 „Coupre tal volta il cielo", noch in Deutschland komponiert; No. 5 Cäcilien-Cantate im Jahre 1713). . . . . {52a, 52b}

F. Orgelwerke.

12 Orgelkonzerte (mit Orchester) die ersten sechs erschienen als op. 4a 1738, die andern als op. 7 nach Händels Tod (1760). 28
2 Konzerte (komp. 1739). Das erstere in F-dur enthält eine Bearbeitung der 6. Kammersonate aus op. 5. (H. W. Bd. 27), das zweite in A-dur eine solche des 11. der grossen Konzerte. (H. W. Bd. 30, Seite 148.) 48
Konzert für 2 Orgeln in D-moll. 2 Sätze 48
2 Konzerte in D-moll und F-dur 48

G. Orchesterwerke.

Instrumentalkonzerte:

6 Concerti grossi. (Oboen-Konzerte) in B-dur, B-dur, G-dur, F-dur, D-moll und D-dur.
Concerto grosso in C-dur (komp. 1726 für Streicher und 2 Oboen.)
3 Concerti in B-dur, (B-dur) und G-moll (Jugendwerke)   21
Sonata (komp. 1710)
12 grosse Konzerte (Concerti grossi) (komp. 1739) in G-dur, F-dur, E-moll, A-moll, D-dur, G-moll, B-dur, C-moll, F-dur, D-moll, A-dur, H-moll. (1739 componiert) 30
Concerto in F-dur (um 1715 komp.). Die beiden ersten Sätze sind in der Wassermusik benutzt. 47
Concerto in A-dur. Nachher in der Feuerwerksmusik verwendet; 47
ebenso
Concerto in D-dur 47

	No. d. Bds. d. D. H. G.
2 Concerti a due Cori. Das erstere in B-dur, das zweite in F-dur. 6 Sätze (komp. wahrsch. zwischen 1740—1750)*)	47
Wassermusik (komp. 1715 oder 1716)	47
Feuerwerksmusik (komp. 1749 zur Feier des Aachener Friedens)	47
Ouverture in A-moll zu der Oper „Oreste" (1734)	48
Ouverture in G-moll zu der Oper „Alessandro Severo (1738)	48
Ouverture in B-dur (Ist dem Hauptsatz der Ouverture des 1708 erschienenen „Trionfo del Tempo" gleich.)	48

H. Kammermusik.

37 Sonaten und Trios:	27
15 Solo Sonaten (mit Bass) 7 für Flöte, 2 für Oboe und 6 für Violine. (Die erste Ausgabe erschien 1724 in Amsterdam.)	
6 Sonaten für 2 Oboen und Bass. In Halle mit 10 Jahren komponiert, aber wohl später in London umgearbeitet	
9 Sonaten für 2 Violinen etc. und Bass. (Ebenfalls zuerst in Amsterdam gedruckt, 1733 von J. Walsh „besser korrigiert" nachgedruckt.)	
7 Sonaten für 2 Violinen etc. und Bass. (Hauptsächlich aus Entwürfen früherer Zeit entstanden, 1738 von Händel zum Druck vorbereitet.	
Anschliessend an diese:	
3 Sonaten für Flöte und Bass	48
Sonate für Viola da Gamba und Cembalo concertato in C-dur (wohl 1705 in Hamburg komponiert)	48
Sonata. Bearbeitung der 6. Sonate für 2 Violinen und Bass. (H. W. Bd. 27)	48
Sinfonie diverse (No. 3, 5 u. 6 finden sich genau so in der Kammermusik Bd. 27 s. das.)	
No. 4 u. 7 stehen ebenfalls im 27. Bd., aber ohne Hörner und Trompeten	48
Hornpipe (1740 für den Konzertgarten Vauxhall geschrieben.)	48

J. Klavierwerke.

Klavierbuch der Jugendzeit (geschr um 1710 vor den Suiten.)	48
Suites de Pièces pour le Clavecin (herausgegeben 1720) 1. A-dur, 2. F-dur, 3. D-moll, 4. E-moll, 5. E-dur, 6. Fis-moll, 7. G-moll, 8. F-moll	2
Suites de Pièces pour le Clavecin (ersch. 1733 als 2. Teil des vorigen.) 1. B-dur, 2. G-dur, 3. D-moll, 4. D-moll, 5. E-moll, 6. G-moll, 7. B-dur, 8. G-dur, 9. G-dur. 1. Suite in D-moll, 2. Suite in G-moll, 3. Capriccio in G-moll, 4. Fantasia in C-dur, 5. Chaconne in F-dur, 6. Lesson in A-moll, 7. Courante e due Menuetti in F-dur, 8. Capriccio in F-dur, 9. Preludio ed Allegro in G-moll, 10. Sonatina in B-dur, 11. Sonata in C-dur, 12. Sonata in C-dur.	
6 Fugen (G-moll, G-dur, B-dur, U-moll, A-moll, C-dur.) (komp. um 1720) Partita	48
6 kleine Fugen (VI Fugues faciles pour l'Orgue ou Piano forte) (Chrysander zieht Händels Autorschaft mit Recht in Zweifel)	48
Lesson (vermutlich 1. Version des Satzes der 3. Suite S. 21—23, Bd. 2.	48
Von besonderer Wichtigkeit für die Gestaltung des Klavierparts bei Händel ist die Bearbeitung verschiedener Werke durch William Babell, vor allem: Suits of the most Celebrated Lessons, Collected and Fitted to the Harpsichord, or Spinnet by Mr. Wm. Babell, with Variety of Passages by the Author (um 1713 oder 1714 geschrieben'. Die 10 Händelschen Stücke dieser Sammlung teilt Chrysander mit.	48

*) Chrysander publiziert noch ein 3. Konzert, von ihm aus vorhandenen Bruchstücken zusammengestellt. (Bd. 47)

ANHANG II.

[1]) Vergl. hierzu Lamprecht: Deutsche Geschichte, Einl. I. Freytag: Bilder aus der deutschen Vergangenheit, Bd. 3, S. 348 ff.

[2]) Vergl. Hertzberg: Geschichte der Stadt Halle, II, S. 527.

[3]) Mitteilungen zur Geschichte der Familie Händels, von J. O. Opel (Neue Mitteil. aus dem Gebiet hist.-antiqu. Forsch. Im Namen des thür.-sächs. Vereins für Erforsch. des Vaterl. Altert.), Bd. XVII, S. 21. (Leichenrede auf Georg Händel.) Halle 1889.

[4]) Chrysander: G. F. Händel, I, S. 8.

[5]) Ein Singspiel „Charimunda" von Stolle wurde bereits 1658 aufgeführt.

[6]) Vergl. Opel: Zur zweihundertjähr. Geburtsfeier G. F. Händels (I. Die Hofoper unter Herzog August in Halle), S. 925 ff. Hertzberg: Geschichte der Stadt Halle, II, S. 520 ff.

[7]) Vergl. Chrysander: G. Fr. H., I, S. 16—21.

[8]) Näheres s. Neues Archiv für Sächs. Gesch. (1891), XII, S. 298. (Ein Dresdner Komödienverbot vom Jahre 1662, von Georg Müller.)

Neue Mitteilungen des thüring.-sächs. Vereins zur Erforsch. des vaterl. Altertums (1883), XVI, S. 431. Die theatralischen Aufführungen der Stiftsschüler zu Zeitz im 16., 17. u. 18. Jhdt., von L. Rothe.

Ferner Wustmann, II. B. der Schriften des Vereins für die Gesch. Leipzigs (S. 82—92). Eine deutsche Schulkomödie auf der Thomasschule 1660.

[9]) Hertzberg: Gesch. d. St. H., II, S. 516 ff.

[10]) Vergl. Chrysander: G. F. Händel, I, S. 21 ff. Chrys. führt auch treffliche Beispiele aus Zachaus Kantaten an.

[11]) Hier haben wir endlich wieder ein aktenmässig festgestelltes Datum, während viele der vorhergehenden auf Berechnung und Vermutung beruhen; dass sie aber richtig sind, lässt sich schon aus folgender Rechnung ersehen: Das Gymnasium hatte fünf Klassen; bezog H. 172 die Universität, so betrat er das Gymnasium frühestens Herbst 1696. Februar des folgenden Jahres starb der Vater. Derselbe lebte noch, als Händel in Berlin war. Diese Reise kann also sicherlich nicht nach 1696 stattgefunden haben. Nehmen wir an, dass er vorher doch wenigstens 3 Jahre Zachaus Schüler gewesen sein muss, so würde es wiederum stimmen, wenn wir sein Alter bei der Weissenfelser Reise auf 8 Jahre setzen. Wahrscheinlich wurden zu der Berliner Reise die Herbstferien verwandt und kam Händel, als er zurückgekehrt war, auf das Gymnasium.

[12]) Bilder aus der deutschen Vergangenheit, Bd. 3, S. 62.

[13]) Hertzberg: G. d. St., H., II, S. 674 ff. Mitt. a. d. Hallischen Studentenl. i. Anf. d. 18. Jhdts., von O. Eyselein. (Mitt. d. Thür. S. Vereins, Bd. XVII, S. 271.)

[14]) Diese Urkunden im Wortlaut bei Chrysander: G. F. H., I, S. 58—60.

[15]) Die Autobiographie Telemanns befindet sich in Matthesons „Ehrenpforte" (Hamburg 1740).

[16]) An Account of the Musical performances in Westminster-Abbey—in Commemoration of Handel, hy Charles Burney: Sketch of the life of Handel. S. 3.

[17]) Sowohl Kretschmar in seiner Händel-Biographie, als auch B. Schrader in seiner (Reclam) setzen diese Sonaten später, jedoch ohne weitere Gründe, als die oben angeführten. Vergl. Chrys.: G. F. Händel, I, S. 43 - 44.

¹⁸) Vergl. die interessante „Selbstbiographie von B. H. Brockes", dem wir noch später als Dichter der Passion begegnen werden, in der Zeitschrift des Vereines für Hamburg. Gesch. II. Bd., 2. H., S. 167 ff.

¹⁹) Stelzner. Auch ein Franzose, Regnard, der 1681 Hamburg besuchte, schreibt über die Oper: „Les opéras n'y sont pas mal representés; j'y ai trouvé celui d'Alceste (von Francke und 1680 zuerst aufgeführt) très beau."

²⁰) Zeitschr. des Vereins f. hamburgische Gesch., III. Bd., 1, Heft. Die ältesten Hamburger Opern von J. Geffken.

²¹) Näheres hierüber im folgenden Abschnitt.

²²) Zeitschr. f. Hamb. Gesch., III. Bd., 1. Heft, S. 14. Der erste Streit über die Zulässigkeit des Schauspiels, von J. Geffken.

²³) Die „deutsche" Oper enthält auch 14 Stücke in italienischer Sprache. Dieser Unfug war damals bereits Mode und nahm immer mehr zu. Bald ging man so weit, noch mehr Sprachen zu vermengen; so wird z. B. in einer Oper hochdeutsch, plattdeutsch, französisch und italienisch gesungen (Geffken: Die ältest. Hamb. Opern.) S. auch Chrys.: G. F. H., B. I, S. 115 u. 116.

²⁴) Dieser Johann Gasto war von Jugend aus sehr beanlagt und kunstbegeistert, ein echter Medicäer. Auf den Wunsch seines Vaters, Cosimo III., musste er Anna Maria von Sachsen-Lauenburg heiraten. Die Ehe war äusserst unglücklich. Gasto suchte Entschädigung auf Reisen und kam so auch nach Hamburg. Sein Leben war nicht frei von Ausschweifungen, denen er sich infolge seines häuslichen Unglücks ergab. Als der Erbprinz gestorben, kam Gasto 1723 an die Regierung. In den ersten Jahren herrschte der alte Glanz, dann aber wurde es einsam und still; krank an Leib und Seele, wankte der Letzte der Medicäer dem Grabe zu. Vergl. Reumont: Toscana, I, S. 477.

²⁵) Vergl. Burckhardt: Kultur der Renaissance, I, 162 u. 219; II, 37. Ferner Lamprecht: Deutsche Geschichte, 5¹, S. 151.

²⁶) Dialogo di Vincento Galilei, nobile Fiorentino, della musica antica et della moderna. In Fiorenza MDLXXXI.

²⁷) Vergl. auch Rich. Wagner: Oper und Drama, Bd. III, S. 292.

²⁸) S. Ambros: Musikgesch., IV, S. 170.

²⁹) Der Dichter der „Dafne", Rinuccini, begleitete nachher Maria de'Medici nach Frankreich, wo Heinrich IV. ihn freundlich aufnahm und auszeichnete. Während seines Aufenthalts in Paris hat er viel getan, den Geschmack an dem neuen Opernstil auch dort zu fördern. (Reumont: Toscana, I, S. 616).

³⁰) Il primo libro de Motetti de diversi Eccelentiissimi auttori, raccolti dal molto R. Padre Don Steffano Coradini. In Venetia, MDCXXIV.

³¹) Vergl. Reumont: Toscana, I, S. 440 ff. u. 628—634.

³²) Um einen Begriff davon zu bekommen, was der Sänger in dieser Beziehung lernen musste, sehe man Zacconis Werk: Prattica di Musica etc. an, welches 1592 in Venedig erschien. Zacconis Lehre ist von Chrysander in einem prachtvollen Aufsatz: Ludovico Zacconi als Lehrer des Kunstgesanges, in Heft 3, Jahrg. 1891, H. 2, 1893 und H. 4; 1894, d. Vjschr. f. M. dargestellt und erläutert.—Welches Gewicht auch auf die dynamischen Schattierungen gelegt wurde, davon geben u. a. Ottavio Doni (1698) in den Arie divote, Franc. Severi jin seinen Psalmen (1625) Mazzochhi in seinen fünfstimmigen Madrigalen uns Beweise und zugleich Erläuterungen über Triller, Verzierungen messa di voce ($\setminus$/), crescendo ($<$) u. decrescendo ($>$) piano (p), forte (f), echo (e) etc.

³³) S. Chrys.: G. F. H., I, S. 161 u. 162.

³⁴) Vergl. P. Wagner: Einführung in die Gregorianischen Melodien, S. 275 (Freiburg 1895). Man kann wohl sagen: „Nichts Neues gibt es unter der Sonne!" Was einst das Grundprinzip des Gregorianischen Gesänges war, die Uebereinstimmung von Wort, Ton und Handlung, es kehrt genau wieder in den Gesetzen, die Galilei und Caccini dem Drama vorschreiben, und findet zuletzt eine Verkörperung in den gewaltigen Dramen Rich. Wagners. Es gibt eben in der Kunst doch Naturgesetze, die, wenn sie auch scheinbar eine Zeitlang verschwinden, immer wieder mit erneuter Kaft emportauchen.

³⁵) Vergl. des Verf. Aufsatz: Händel als Plagiator in der Allgem. Musikzeitung.

⁸⁶) Burney, a. a. O.
⁸⁷) Memoires of the life of the late G. F. Händel, 1760; übersetzt von Mattheson, 1761.
⁸⁸) Brosch: Kirchenstaat, I, S. 481 u. 482.
⁸⁹) Goethe: Ital. Reise.
⁴⁰) Brosch: Kirchenst,' I, S. 448; ferner s. Reumont: Gesch. der Stadt Rom, III², S. 639.
⁴¹) S. Jahn: Mozart, I, S. 166. Auch bei der kolossalen Besetzung bei Gelegenheit der grossen Händel-Gedenkfeier im Jahre 1783 kamen auf ein Streichorchester von 48 ersten Viol., 47 zweiten Viol., 26 Bratschen, 21 Celli: 15 Bässe. 26 Oboen, 26 Fagotts, 1 Contrafagott, 6 Flöten, 12 Trompeten, 12 Hörner und 4 Paar Pauken. Vergl. auch den Aufstellungsplan der Mainzer Aufführungen.
⁴²) Lecky: Gesch. Englands, I, S. 185.
⁴³) Nagel: Gesch. der Musik. England, I, S. 99 ff.; vergl. Engel: Gesch. d. engl. Lit., S. 37 ff.
⁴⁴) S. Ambros: Musikgesch., Bd. III, S. 458.
⁴⁵) Chrysander: G. F. H., I, S. 257 ff.
⁴⁶) Kretschmar: G. F. H., S. 223.
⁴⁷) Chrys.: G. F. H, I, S. 251.
⁴⁸) Vergl. zu diesem Abschnitt Pohl: Mozart und Haydn in London, I, S. 12 ff.
⁴⁹) Kretschmar: G. F. H , S. 227.
⁵⁰) Vergl. S. 38.
⁵¹) B. Schrader: Biographie H.'s., S. 42. Näheres bei Chrysander in der Vierteljahrschrift für Musikwissenschaft, Bd. 8, S. 525.
⁵²) Vergl. über die Gesch. der Passionsmusiken Rochlitz: Für Freunde der Tonkunst, Bd. 4, S. 412. — Winterfeld: Der evang. Kirchengesang, Bd. 3, S. 61 ff.
⁵³) Kretschmar: G. F. H., S. 236. Vergl. Chrysander: G. F. H., I, S. 457 ff.; ferner Ambros: Musikgeschichte, Bd. 3, S. 448.
⁵⁴) Hierzu ist nur die reine Vokalmusik imstande. Das hat die katholische Kirche stets erkannt und auch neuerdings wieder darauf hingewiesen. „Wenn die Kirchenmusik zu ihrer ursprünglichen Reinheit wieder ganz gelangen soll, muss die Vokalmusik sie wieder ganz allein vertreten." Richard Wagner: Ges. Schr., Bd. II, S. 337. (Entw. z. Organ. eines deutsch. National-Theaters.)
⁵⁵) Näheres s. in des Verfassers Aufsatz „Esther" in der Festnummer zu den Händel-Aufführungen der Mainzer Liedertafel am 18. u. 19. Juli 1897 in Mainz, in der Allgem. Musikzeitung.
⁵⁶) S. S. 32.
⁵⁷) W. Engel: Gesch. der engl. Literatur, S. 286.
⁵⁸) H. Taine: Das klassische Zeitalter der engl. Literatur, II, 487 ff.
⁵⁹) Lecky: Gesch. Englands, I, S. 558 ff.
⁶⁰) In einem Briefe des Generalfeldmarschalls Graf von Flemming an den hannöverschen Minister de Fabrice und dessen Bruder heisst es: Outre cela il y a deux Factions, les uns pour Hendell et les autres pour Bononcini, les uns pour Cenesino, et les autres pour la Cossuna (Cuzzoni), qui sont aussy animés que les Whigs et Torys l'un contre l'autre, et qui partagent les Directeurs meme quelque fois. (Opel: Mittheil. z. Gesch. d. Fam. Händel.)
⁶¹) Opel: Mitth. z. G. d. Fam. Händel, S 33.
⁶²) ebendaher.
⁶³) S. Pohl: Haydn u. Mozart in London. (B. I. S. 72, A.) Die Klarinette wurde 1696 von Denner in Nürnberg erfunden.
⁶⁴) Hierüber und die verschiedene Art der Auffassung dieses Stückes s. Engel: Gesch. d. engl. Lit., S. 299; Taine: Gesch. der engl. Lit., II, S. 488; Brosch: England (VIII), S. 244. Neben dieser „Bettler-Oper" hat sich noch ein Gedicht Gays „Von der schwarzäugigen Susanne" bis auf den heutigen Tag erhalten.
⁶⁵) Graf Flemming sagt in einem Briefe von Heidegger: Cet homme tout Suisse qu'il est a trouvé le moyen par son genie, de depenser depuis 30. ans, qu'il y est, ordinairement 2000 L Strl. et quelques fois audela, tous les ans, sans y avoir apporté un sol, ayant Maison en Ville, Maison à la Campagne, bon table, Equipage et Maitresses, quoique son visage soit le

plus vilain Masque de toute Assemblée, et que les Anglois pretendent que l'idée des Masque Luy est venu sur ce qu'il s'est vu un jour dans un miroir. (Opel: a. a. O.)

[66]) Debora war das erste der so von Chrysander bearbeiteten Oratorien und wurde zuerst in dieser Form 1895 bei dem Händel-Fest in Mainz aufgeführt.

[67]) Lord Herveys Memoires, I, 314.

[68]) Vergl. Chrysander: Händels biblische Oratorien in geschichtlicher Betrachtung. (Hamburg 1897.)

[69]) Vergl. den geistvollen Aufsatz: G. F. Händels Orgelkonzerte, von H. Reimann, in der Festnummer zu den Händel-Aufführungen am 18. und 19. Juli 1897 in Mainz der Allgem. Musikzeitung.

[70]) S. S. 41.

[71]) S. S. 38.

[72]) Taine: Gesch. der engl. Lit., II, 193.

[73]) Engel: Gesch. der engl. Lit., S. 266.

[74]) S. S. 39.

[75]) H.s Bibl. Orat., S. 20.

[76]) Vergl. des Verfassers Aufsatz: Händel als Plagiator in der Allgem. Musikzeitung.

[77]) Vergl. Lecky: Gesch. Engl.s, I, S. 573.

[78]) Eine in jeder Beziehung vorzügliche Ausgabe zweier dieser Concerti grossi ist die von G. Kogel (Peters), die selbst Chrysanders Anerkennung fand.

[79]) Ueber den Aufenthalt iu Dublin vergl.: An account of the Visit of Handel to Dublin, by Horatio Towsend (Dublin 1852). Ebenso sind wichtig die Briefe der Mrs. Delany, die damals bei Dublin lebte und eine Freundin und Verehrerin Händels war. Vergl. ferner Burney's Hist. of Music, IV, 661.

[80]) Chrys.: Bibl. Oratorien, S. 16.

[81]) Das Werk kam in dieser Gestalt zuerst beim ersten Händel-Fest in Mainz 1895 zur Aufführung. Der Eindruck war ein tief ergreifender. Den Herakles sang Meschaert vorzüglich, die Dejanira in grossartiger Darstellung Charlotte Huhn, den Hyllus, der in seiner Gesangskunst nübertreffliche E. Lloyd (englisch), und die Iole fand in Frau Herzog eine Vertreterin ersten Ranges.

[82]) Händels bibl. Orat., S. 27.

[83]) Kretschmar: G. F. H., 279.

[84]) S. hierzu Chrysander: Händels Biblische Oratorien in geschichtlicher Betrachtung. (Hamburg.)

[85]) Eine Reihe Programme, auf denen Händel dominiert, teilt Pohl mit in „Haydn in London."

ANHANG III.

Aufstellung von Chor und Orchester bei den ersten Händel-Aufführungen in Mainz, 1895.

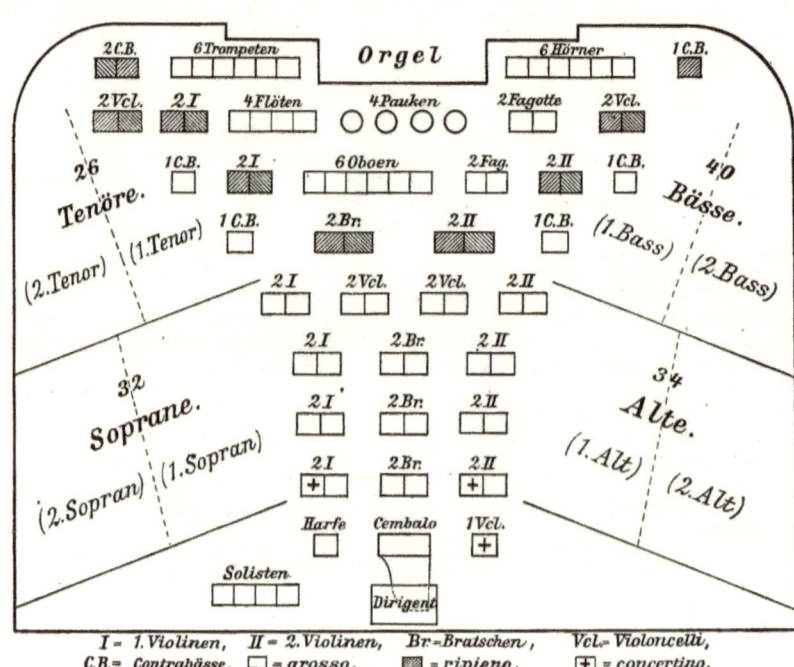

ANHANG IV.

Aufstellung von Chor und Orchester bei den Händel-Aufführungen in Mainz, 1906.

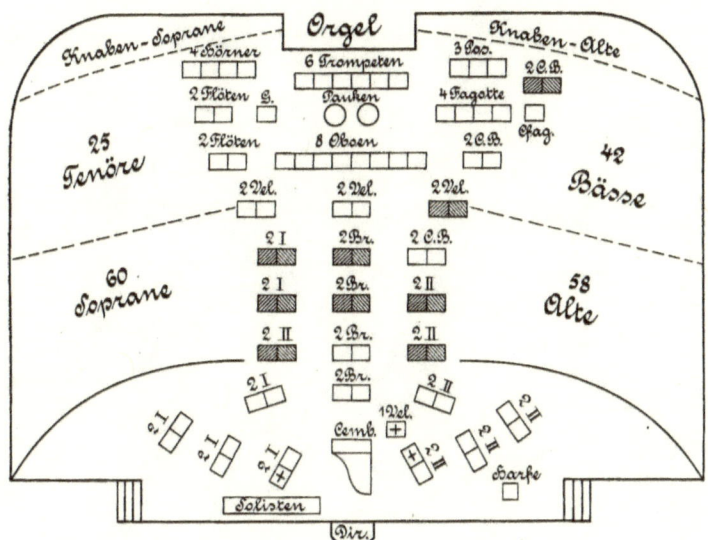

I = 1. Violinen, II = 2. Violinen, Br. = Bratschen, Vcl. = Violoncelli, C.B. = Contrabässe, ⊞ = concertino, ☐ = grosso, ▨ = ripieno, G. = Glockenspiel, Cfag. = Contrafagott.

www.ingramcontent.com/pod-product-compliance
Lightning Source LLC
Chambersburg PA
CBHW031835230426
43669CB00009B/1362